Vocabulário

Popular

de

Porto Velho

Porto Velho Vox Pop

Vocabulaire Populaire de Porto Velho

Vocabulário Popular de Porto Velho

Beto Bertagna

&

Simon Hamilton

Les Éditions du Frogologue
2014

Vocabulário Popular de Porto Velho
Porto Velho Vox Pop
Vocabulaire Populaire de Porto Velho

Pesquisa & compilação por
Collected & compiled by } Beto Bertagna
Recuelli et composé par

Revisado & traduzido em francês e inglês por
Edited & translated into French & English by } Simon Hamilton
Revu et traduit en français et en anglais par

Imagens da Capa
Cover images } Antonino
Images de couverture

© 2014 Beto Bertagna & Simon Hamilton

Versão online
Online version } http://vopopovo.com
Version en-ligne

Les Éditions du Frogologue
4 bis rue de la Plage
41400 Faverolles sur Cher
France
simon@frogologue.com
www.frogologue.com
+33 6 89 69 13 56

ISBN 978-2-9547563-1-8

In memoriam

Antônio Houaiss, 15/10/1915 – 07/03/1999
James A. H. Murray, 07/02/1837 – 26/07/1915
Ambrogio Calepino, 1440 – 1510

Beto Bertagna

Cinematographer, blogger, activist, Beto has the perfect mindset for collating information on language use with humor, curiosity and total lack of preconceived notions.

He lives in Iguape, São Paulo, Brazil.

http://betobertagna.com

Simon Hamilton

Frogologue, philologue et onomastophile, Simon recherche le premier mot de l'être humain, celui qui a tout commence. Il soupçonne la présence de la lettre M.

Il habite Faverolles sur Cher, France.

http://simonhamilton.com

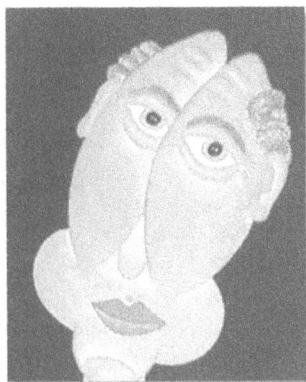

Antonino

Artista plástico, ecologista e jogador de futebol, Antonino cria pinturas de beleza e imaginação extraordinárias.

O projeto pode ser visto em:

The Antonino Museum

Ele mora em Salvador, Bahia, Brasil.

http://antoninomuseum.com

Prefácio

Rondônia e sua capital Porto Velho é o Far West do Brasil, fronteira centenária onde os imigrantes vieram, enganados, de forma voluntária, ou até mesmo deportados, para começar uma nova vida. Com uma mistura diversificada de origens étnicas e geográficas, a língua local assumiu vida própria. Aqui está.

Introduction

Rondônia and its capital Porto Velho is the Far West of Brazil, a 100-year-old frontier land to which immigrants have come, duped, voluntarily, or even deported, to start a new life. With such a diverse mixture of ethnic and geographical origins, local language has taken on a colorful life of its own. Here is it.

Intro

Rondônia et sa capitale Porto Velho représente le Far West du Brésil, frontière centenaire vers laquelle les immigrants sont venus, embobinés, volontairement, ou même déportés, pour y commencer une nouvelle vie. Avec un tel mélange d'origines ethniques et géographiques, la langue s'est envolée de ses propres ailes. La voici.

Agradecimentos

Um compilador de um dicionário como este fica em posição irônica por ter que agradecer os maus usuários da língua... E com razão. Assim como filhos, figueiras e mitocôndrias, uma língua deve evoluir, deve se desviar de suas raízes, pois senão nada acontece, nada existiria. Sem vida, sem língua e se, por uma chance muito bizarre, ocorresse vida seriam pouco mais que uns grunhidos incoerentes. Seríamos todos criacionistas.

Portanto, agradecemos primeiramente a todos os contribuidores anônimos de Porto Velho por sua ajuda espontânea e (voluntária e involuntária) nem tão espontânea.

Em particular, agradecemos à Rose Gannon, da LIVRARIA DA ROSE que, de 1982 até 2004, foi centro da atividade intelectual da cidade de Porto Velho. Também agradecemos aos amigos e vítimas – em ordem alfabética:

- Alberto Lins Caldas (crítico literário e extraordinário contador de estórias)

- Betty Christofoletti (psicóloga e amiga)

- Carlos Moreira (poeta da cidade)

- Carlos Ruiz (artista e designer da primeira edição monolíngue)

- Cida Santos e Cristina Rodrigues (as mais encantadoras assistentes de livraria de Porto Velho)

- Fabíola Holanda Barbosa (historiadora e leitora)

- Milena Magalhães (leitora e historiadora)

- Nilson Santos (filósofo-mór).

E mais: meus agradecimentos à Kate Louette, de ICC Translations, por revisar minhas atualizações de última hora movidas a cafeína, e à Raquel Laé da Teleperformance Brasil por tentar manter minhas 'gafesbrasil' em um respeitável índice mínimo.

Acknowledgements

A compiler of a dictionary such as this is in the ironic situation of thanking people who misuse language … And quite right too. Like kids, cows and mitochondria, language must evolve, must deviate from its roots, otherwise nothing would exist. No life, no language and if, by some bizarre chance, life were to occur, then little more than incoherent grunts. We would all be creationists.

So thanks first and foremost to all the anonymous contributors of Porto Velho for their witting and unwitting help.

Thanks particularly to Rose Gannon, bwanette of the LIVRARIA DE ROSE in Porto Velho from 1982 to 2004, hub of all intellectual activity in the city. Thanks too to our friends and victims (in alphabetical order):

- Alberto Lins Caldas (lit crit and story-teller extraordinaire)
- Betty Christofoletti (psychologist and friend)
- Carlos Moreira (poet of the city)
- Carlos Ruiz (artist and art designer of the first, monolingual edition)
- Cida Santos e Cristina Rodrigues (the most delightful sales assistants in any bookshop in Porto Velho or beyond)
- Fabíola Holanda Barbosa (historian and lecturer)
- Milena Magalhães (lecturer and historian)
- Nilson Santos (philosopher and theologian).

Thanks too to Kate Louette of ICC translations for proofing my caffeine-fuelled last-minute updates, and to Raquel Laé of Teleperformance Brazil for attempting to keep my brazilogaffes to a respectable minimum.

Remerciements

Le compilateur d'un dictionnaire comme celui-ci est dans la situation paradoxale de remercier ceux qui maltraitent la langue... Et c'est juste. Comme les enfants, éléphants et mitochondries, la langue doit absolument s'éloigner de ses racines, sinon rien ne se passerait, rien n'existerait. Pas de vie, pas de langue et si, par un étrange hasard, la vie devait se produire il n'y aurait alors que des grognements incohérents. Nous serions tous créationnistes.

Donc merci tout d'abord à tous les contributeurs anonymes de Porto Velho pour leur aide, volontaire ou non.

Merci particulièrement à Rose Gannon, patronne de 1982 à 2004 du LIVRARIA DE ROSE à Porto Velho, plaque tournante de toute activité intellectuelle dans la ville. Merci aussi à nos amis et victimes, dans l'ordre alphabétique :

- Alberto Lins Caldas (critique littéraire et conteur extraordinaire)

- Betty Christofoletti (psychologue et amie)

- Carlos Moreira (poète de la ville)

- Carlos Ruiz (artiste et designer de la première édition monolingue)

- Cida Santos e Cristina Rodrigues (les plus merveilleuses vendeuses de toutes les librairies existantes à Porto Velho et ailleurs)

- Fabíola Holanda Barbosa (historienne et professeur)

- Milena Magalhães (professeur et historienne)

- Nilson Santos (philosophe et théologien).

Merci aussi à Kate Louette de ICC Translations pour avoir corrigé mes mises à jour caféinées de dernière minute, et à Raquel Laé de Teleperformance Brésil qui a tenté de limiter le nombre de mes brazilogaffes à un minimum respectable.

Nota

As palavras entre colchetes, ao lado da **Entrada** indica a possível origem da língua e/ou sua tradução literal.

As palavras em *itálico* são nomes científicos ou para dar maior ênfase.

As palavras impressas *NESTA MANEIRA* se referem a entradas.

Notes

Words in square brackets next to the **Headword** indicate the language from which the word is believed to come and/or its literal translation.

Words printed in *standard italics* are scientific names or for emphasis.

Words printed *IN THIS SORT OF ITALIC* refer to headwords.

Notes

Les mots entre crochets à côté d'une **Entrée** indiquent la langue source présumée du mot en question, et/ou sa traduction littérale.

Les mots en *italiques* sont ou des termes scientifiques ou pour souligner.

Les mots *IMPRIMÉS AINSI* renvoient à des entrées.

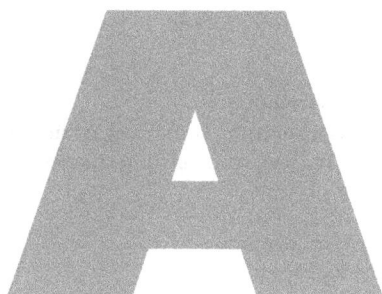

A

Aba
Asa; costa.

Wing; rib.

Aile; côte.

Abacaxi
[Tupi: Fruta recendente] Ponta da maraca, com pedaços de ferro que furam o leito dos rios em movimento rotatório para sugar a areia que contém o ouro. E incidentalemente, destroi objetos de interesse arqueológicos.

[Tupi: Sweet-smelling fruit, pineapple] Rotary suction head that drills into river beds and sucks out gold-bearing sand. And, incidentally, destroys any objects of archaeological interest.

[Tupi : Fruit à l'odeur douce, ananas] Trépan aspirateur rotatif qui fore le lit de rivière pour en extraire le sable aurifère. Et, par la même occasion, détruit tout objet d'importance archéologique.

Abeiro
Sujeito que só anda nas costas dos outros.

Sponger, freeloader.

Parasite, profiteur.

Abestado
ALESADO

Abiorana
Árvore com cipós que floresce nas águas paradas, nos *IGAPÓS*.

Tree with lianas that grows in swamps (*IGAPÓ*).

Arbre aux lianes qui pousse dans les marécages (*IGAPÓ*).

1

Abirobado

Meio maluco, meio doido, abilolado.
A bit nuts, slightly screwy, crazy.
A moitié fou, à moitié dingue, schtarb.

Abobrinha

Besteira, coisa sem importância.
[Little pumpkin] Nonsense, trifle, something of no importance.
[Petit potiron] Bêtise, fadaise, truc sans importance.

Abofitar

Roubar as petecas e sair correndo.
Nick the marbles and scarper.
Voler les billes et ficher le camp.

Aboio

Canto entoado por vaqueiros na conduta da boiada.
Song sung by cowhands as they drive oxen.
Chanson chantée par des *vaqueiros* lorsqu'ils conduisent les bœufs.

Abrideira

Primeiro copo, primeira garrafa…
[Opener, starter] First glass, first bottle…
[Démarreur] Premier verre, première bouteille…

Abrir na buraqueira

Fugir.
Disappear into the wild blue yonder.
Prendre la clé des champs.

Açaí (*Euterpe oleracea*)

[Tupi] Fruto da palmeira de mesmo que, após amassada, dá uma bebida de cor grená e espessa, saborosa e nutritiva.
[Tupi] Açaí, cabbage palm: produces fruit which are crushed and kneaded to make a thick, bitter dark purple yet tasty and nutritious drink.
[Tupi] Palmier açaí : dont le fruit, après être broyé, produit une boisson amère, épaisse et mauve, mais savoureuse et nutritive.

Acará (*Cichlidae*)

[Tupi] Diversas espécies de peixes amazônicos que escondem os alevinos na boca quando ameaçados.
[Tupi] Various types of Amazonian fish that hide their young in their mouths if danger threatens.
[Tupi] Divers types de poissons amazoniens qui cachent les alevins dans la bouche en cas de danger.

Aceiro

Espaço entre a *roçada* para impedir a propagação das queimadas.
Area left between the *roçada* to prevent fires spreading.
Espace laissé entre les *roçadas* afin d'empêcher la propagation des feux.

Achubero

Associação dos Chupadores de B... do Estado de Rondônia. Tinha carteirinha de sócio e tudo.

Rondônia State Association of A...-lickers. Membership cards available on request.

Association de Lécheurs de C... de l'État de Rondônia. Avec carte privilège et tout.

Acochado

Apertado.

Tight.

Serré.

Acocho

Relativo a namoro, namoro ousado: "Fulano está acochando aquela menina".

Relating to love-making, love-making in a daring way.

Relatif à l'amour, à l'amour osé.

Acolá

Logo ali.

Over there.

Là-bas.

Açougueiro

[Árabe: Az-zâ'uq] Homem que come mulher feia.

[Arabic: Az-zâ'uq, butcher] Man who fucks ugly women.

[Arabe : Az-zâ'uq, boucher] Homme qui baise les femmes laides.

Acreana

Mulher nascida no Acre. O pessoal aí fala qualquer coisa sobre "galinha", "penosa". Este povo diz cada coisa.

A woman born in the state of Acre. Some people say things like "scrubber" and "shagnasty". Some people say would anything.

Femme née dans l'état d'Acre. 'Y a des gens qui disent « putain », d'autres « grognasse ». 'Y a des gens qui disent n'importe quoi.

Alesado

[Latim: Ferido] Abobalhado, abestado.

[Latin: Wounded] Foolish, dim-witted, loony.

[Latin : Blessé] Bête, gourde, loufoque

Alhinho

Clitóris.

[Little clove of garlic, sly little fox] Clitoris.

[Petite gousse d'ail, petit renard futé] Clitoris.

Aloprado

Doido.

Mad.

Fou.

Aluá

[Árabe/Quimbundo] Bebida feita de milho e/ou gengibre.

[Arabic/Kimbundu] Drink made from maize and/or ginger.

[Arabe/Quimbundo] Boisson élaborée à partir de maïs et/ou de gingembre.

Aluado

Chateado, emburrado.

[Bemooned] Disgruntled, mulish.

[Luné] Maussade, bourru.

Alvarenga

Balsa sem motor, para transporte de cargas e passageiros, empurrada por um rebocador.

Barge with no engine, used for carrying cargo and passengers, pushed by a tug.

Bac sans moteur pour le transport de marchandises et de passagers, dirigé par un remorqueur.

Alvorada

Serenata matinal.

Dawn serenade.

Aubade.

Amigar

(Juntar os panos): conviver maritalmente.

(Pool the household linen), live together.

(Mettre le linge de maison ensemble), vivre maritalement.

Amocegar

Pegar carona pendurado em caminhão ou carroça.

[To "bat"] Hitch a ride by hanging onto the sides of a truck or a van.

[Se faire chauve-souris] Se faire transporter à l'œil en s'accrochant au camion ou au wagon.

Amo-do-boi

O cantador das *TOADAS* no *BOI-BUMBÁ*.

[Master of the ox] The person who sings the *TOADAS* in *BOI-BUMBÁ*.

[Maître du bœuf] Celui qui chante les *TOADAS* dans le *BOI-BUMBÁ*.

Amuado

1) Emburrado, mau humorado. 2) Bastante, muito. Ex. "Deu peixe 'amuado'".

1) Sullen, in a bad mood. 2) A fair amount, lots.

1) Bourru, de mauvaise humeur. 2) Pas mal, beaucoup.

4

Andiroba (*Carapa guianensis*)

[Tupi: Azeite amargo] Árvore cuja madeira é resistente e da qual se extrai o óleo (cruz-de-andiroba, carma pesado).

[Tupi: Bitter oil] Crabwood: type of mahogany, very heavy hardwood tree from which oil is extracted (to have a cross of crabwood means heavy karma, man).

[Tupi : Huile amère] Andiroba : acajou au bois résistant et très lourd ; arbre dont on extrait de l'huile (avoir une croix d'andiroba veut dire avoir un karma pas cool, mec).

Angu

[Iorubá: Papa de milho] Confusão (angu-de-caroço).

[Yoruba: Maize pap] Fight, mess (result opposite to what's expected).

[Yorouba : Bouillie de maïs] Bagarre, bordel (résultat le contraire de ce qui est prévu).

Aninga (*Montrichardia linifera*)

[Tupi] Planta filodendro de área pântanosa.

[Tupi] Marshland plant, type of philodendron.

[Tupi] Plante philodendron des marécages.

Anita

Bordel dos anos 70.

Brothel of the 70s.

Bordel des années 70.

Anta (*Tapirus terrestris*)

[Espanhol/Árabe] 1) Tapir, em extinção. 2) Designa-se a pessoa pouco inteligente (em certos casos, cuidado para não ofender o Sindicato das Antas).

[Spanish/Arabic] 1) Tapir, threatened by extinction. 2) Rather unintelligent person.

[Espagnol/Arabe] 1) Tapir, en voie de disparition. 2) Personne pas très futée (comme insulte, t'as mieux, t'as pire…).

Antes-fona

Antes do último (penúltimo).

Before the last (penultimate).

Avant-dernier.

Apapá

[Tupi] Peixe amazônico, sardinha de água doce.

[Tupi] Fresh-water sardine from the Amazon.

[Tupi] Sardine d'eau douce d'Amazonie.

Aparar

Após cortado e queidado, outro *PAPAGAIO* o resgata no ar.

[To clip, prune] A kite flapping down after its string has been cut is "rescued" in the air by another one (*QUEIDAR*), and hauled down to a "new owner".

[Rogner, tailler] Après être coupé et en « flagadescente », un autre cerf-volant le rattrape dans l'air, et il acquiert un nouveau propriétaire.

Aperreio
[Espanhol: Perseguido por cães] Sufoco, aperto.
[Spanish: Chased by dogs] In a tight squeeze.
[Espagnol : Poursuivi par des chiens] Dans le pétrin.

Apetecer
Agradar.
To please, satisfy.
Plaire, satisfaire.

Apiorar
Piorar, ficar pior.
To worsen, to get worse.
Empirer, devenir pire.

Apoitar
Fundear uma balsa do *GARIMPO* em poita.
To anchor a gold dredge using a heavy stone.
Ancrer une drague de chercheurs d'or avec une pierre lourde.

Aralém
Medicamento usado para tratamento da malária.
Medicine used for treating malaria.
Médicament anti-paludique.

Arapuca
[Tupi] 1) Armadilha de madeira, em forma de pirâmide. 2) Antigo bar-cabaré do bairro do Roque.
[Tupi] 1) Wooden trap, shaped like a pyramid. 2) Former cabaret in the Roque quarter.
[Tupi] 1) Piège en bois, en forme de pyramide. 2) Ancien bar-cabaret du quartier Roque.

Arara
[Tupi] Bunda grande, rabão.
[Tupi: Macaw] Big arse, tail.
[Tupi : Ara] Gros cul, arrière-train.

Arari
[Tupi] Peixinho pequeno, muito disputado por peixões maiores…
[Tupi] Little fish, much liked by bigger fish…
[Tupi] Petit poisson, friandise des grands poissons...

Araribóia
[Apelido de um famoso cacique] Casa noturna tradicional.
[Name of a famous chief] Traditional night-club.
[Nom d'un chef de tribu célèbre] Boîte de nuit traditionnelle.

Ardoso
Em Porto Velho a pimenta não é ardida, é ardosa..
Where most Brazilians call pepper *ardida*, Portovelhans call it *ardosa*. The difference is subtle...
A Porto Velho, le piment n'est pas *ardida* mais *ardosa*. C'est subtil…

Arigó

1) Roceiro, do *MATO*. 2) Também denominava os ***SOLDADOS DA BORRACHA***.

1) Bumpkin, hick, smallholder farmer, backwoodsman, from the sticks. 2) Another nickname for the "Rubber Soldiers" (***SOLDADO DA BORRACHA***).

1) Cul-terreux, péquenaud, petit cultivateur, rustique, de la cambrousse. 2) Autre appellation des "Soldats de Caoutchouc" (***SOLDADO DA BORRACHA***).

Arigolândia

O bairro dos Arigós que emigraram do Nordeste em busca de progresso.

Neighbourhood of the Arigós who emigrated from the Northeast region looking for progress.

La quartier des Arigós qui émigrèrent de la région Nord-Est à la recherche du progrès.

Ariranha (*Pteronura brasiliensis*)

[Tupi] Mamífero carnívoro. Tem hábitos anfíbios. Quem conhece a Filó, em Costa Marques, sabe.

[Tupi] Brazilian giant otter: an amphibious, carnivorous mammal. If you get the chance to go to Costa Marques, ask around for Filó.

[Tupi] Loutre géante : mammifère amphibie carnivore. Si jamais tu passes par Costa Marques, renseignes-toi sur Filó.

Arraia

Espécie de peixe com ferrões peçonhentos, com farpas curvas. Um ferimento de arraia provoca muita dor. Fica no fundo dos rios.

Stingray, fish with curved barbs and poisonous stings producing very painful wounds. Found on river bottoms.

Raie, type de poisson venimeux aux dards courbes. Une piqûre de raie est très douloureuse. Vit au fond des rivières.

Arraial

Festa junina, com consumo de comidas típicas e apresentações folclóricas.

A June festival, with folklore and typical dishes.

Fête du mois de juin, avec consommation de mets typiques et présentations folkloriques.

Arredar

Afastar.

Move something out of the way.

Écarter quelque chose du chemin.

Arre-égua!

Ou "Égua!" uma de nossas principais interjeições. Serve para quase tudo.

[± Gee up mare!] Damn! Damn it! Bloody hell! One of Porto Velho's main interjections, used about almost anything.

[± Hue, la jument !] Ah, la salope ! Putain de merde ! Putain ! L'une des principales interjections de Porto Velho. Se sert à toutes les sauces.

Arregaçado

Arrebentado.
Broke, bust.
Fauché, failli.

Arregaço

Negócio demais.
Real cool.
Génial, super.

Arrombado

1) Muito bom. 2) Esculhambado.
1) Very good. 2) Sloppy.
1) Très bon. 2) Bâclé, négligé

Arubé

[Tupi] Ovos crus de tartaruga misturados com sal e *FARINHA-D'ÁGUA*.
[Tupi] Raw turtle eggs mixed with salt and *FARINHA-D'ÁGUA*.
[Tupi] Œufs de tortue crus mélangés avec du sel et de la *FARINHA-D'ÁGUA*.

Asbica

Associação dos *BIRITEIROS* do Caiari.
Association of *BIRITEIROS* of Caiari.
Association des *BIRITEIROS* de Caiari.

Ascron

Associação dos Cornos de Rondônia.
Association of Cuckolds of Rondônia. The real McCoy, been on TV and all!
Association des Cocus de Rondônia. Sans déc, est même passée à la téloche !

Assistência

Ambulância.
Ambulance.
Ambulance.

Assoalhar

Ação das tartarugas, quando saem para desovar nas areias.
[To get onto the ground] What turtles do when they come up onto the beach to lay eggs.
[Se mettre sur le sol] Ce que font les tortues quand elles remontent les plages pour y pondre leurs œufs.

Assuntar

Ficar atento à conversa.
To pay attention to the conversation.
Prêter attention à la conversation.

Avexado

Apressado.
In a hurry.
Pressé.

Avuado

Disperso (tá com a cabeça na lua).
Absent-minded (head in the clouds).
Distrait (être dans la lune).

Ayahuasca

[Quéchua: *Aya*: alma, espírito, cadáver; *HUASCA*: cipó, liana, corde] Nome peruano do *MARIRI*, bebido alucinogênico ingerido das várias seitas., ex *SANTO-DAIME*

[Quechua: *Aya*: soul, spirit, cadavre; *HUASCA*: liana, vine, rope] Peruvian name for *MARIRI*, hallucinogenic drink used by various sects, e.g. *SANTO-DAIME*

[Quechua : *Aya* : âme, esprit, cadavre ; *HUASCA* : liane, vigne, corde] Nom péruvien du *MARIRI*, boisson hallucinogène utilisée par divers sectes, par ex. *SANTO-DAIME*

Azarar

[Árabe] Ficar, namorar, paquerar.
[Arabic] To go out with, to date, to flirt.
[Arabe] Sortir avec quelqu'un, flirter.

Azougue

[Árabe] Mercúrio, metal pesado, letal para o ser humano. Usado para separar o ouro.
[Arabic] Quicksilver: mercury, a heavy metal lethal to man, used in extracting gold.
[Arabe] Vif-argent : mercure, métal lourd fatal à l'homme. Se sert dans l'extraction de l'or.

Azular

Fugir em velocidade.
To run away quickly.
S'enfuir rapidement.

B

Babaca
Idiota, trouxa.
Idiot, idiotic, booby.
Idiot, nigaud.

Babão
Sujeito puxa-saco.
[Dribbler] Sycophant, lackey.
[Baveux] Lèche-bottes.

Babozeira
Besteira.
Nonsense.
Bêtise.

Bacaba (*Oenocarpus spp.*)
[Tupi] Palmeira que dá frutos oleosos e comestíveis, para vinho ou *MINGAU*.
[Tupi] Palm tree producing edible, oil-bearing fruit used in making wine or *MINGAU*.
[Tupi] Palmier oléagineux dont les fruits comestibles servent à la production de vin ou de *MINGAU*.

Bacu
[Tupi] Espécie de peixe liso.
[Tupi] Type of catfish.
[Tupi] Variété de poisson-chat.

Baculejo
Batida policial com revista geral.
Police raid and all-round search.
Rafle policière avec fouille générale.

Bacurau (*Caprimulgidae*)

[Tupi] Pássaro noturno.

[Tupi] Nighthawk (lit. and fig.).

[Tupi] Engoulevent, couche-tard.

Bacuri

[Tupi] 1) Fruta da região norte. 2) Porquinho pequeno. 3) Menino.

[Tupi] 1) Fruit from the north of Brazil. 2) Little piglet. 3) Child.

[Tupi] 1) Fruit de la région Nord du Brésil. 2) Petit cochonnet. 3) Enfant.

Badeco

Ajudante-discípulo de seu superior.

Assistant/disciple to his superior.

Adjoint-disciple de son supérieur.

Bafafá

Confusão, rolo, baderna.

Uproar, brawl, high-jinx.

Tumulte, rixe, bande de fêtards.

Bailado

Dança ritmada por maracás durante sessão do *SANTO-DAIME*.

Dance to the beat of maracás during a *SANTO-DAIME* session.

Danse rythmée par des maracás pendant une séance de *SANTO-DAIME*.

Baladeira

1) Estilingue feito com forquilhas de goiabeira e tiras de borracha (tiras de câmara de ar ou garrotes ambulatoriais já inservíveis). 2) Rede de dormir.

1) Catapult made with a forked stick from the guava tree and strips of rubber (inner tubes or old tourniquets). 2) Hammock.

1) Lance-pierres fabriqué à partir d'une fourche de bois du goyavier et des bandes de caoutchouc (chambre à air ou ancien tourniquet). 2) Hamac.

Bambeira

Preguiça, moleza.

Laziness, indolence.

Paresse, mollesse.

Bamburrado

Cheio da "grana".

Rolling in "dough"

Plein de « blé »

Bamburral

Lugar profundo de um rio ou lagoa en quem se esconde a Cobra Grande (*BOIÚNA*).

Deep part of a river or lake where the Cobra Grande (*BOIÚNA*) hides.

Endroit profond d'un fleuve ou lac où se cache le (la?) Cobra Grande (*BOIÚNA*).

Bamburrar

Achar muito ouro.
To find lots of gold
Trouver beaucoup d'or.

Banho

Lazer que acontece à beira de um *IGARAPÉ*, nos finais de semana.
Time off by an *IGARAPÉ* at the weekend.
Le loisir que d'être au bord d'un *IGARAPÉ* le week-end.

Banho-de-cuia

Banho tomado com *CUIA*.
Calabash bath: shower taken using a *CUIA* gourd.
Bain dégourdi : douche prise avec une gourde *CUIA*.

Banzeiro

Águas agitadas com formação de ondas no rio.
Choppy river when waves form.
Eau agitée avec formation de vagues dans la rivière.

Bar do Arara

Bar tradicional da Porto Velho antiga da decada 60.
[The Macaw Bar] Traditional bar in Porto Velho in the sixties.
[Bar de l'Ara] Bar traditionnel de Porto Velho dans les années soixante.

Barbadiano

Designação genérica. Trabalhadores negros da *EFMM* vindos das Antilhas e do Caribe.
Barbadian: Umbrella term for any of the black workers who came from the West Indies or Caribbean to work on the *EFMM*.
Barbadien : Désignation générique. Travailleur noir de la *EFMM* venu des Antilles ou des Caraïbes.

Barca

Bebedeira, festa.
Drinking-bout, binge, party.
Beuverie, fête.

Baroa

Na brincadeira de pegar, o drible com o corpo para enganar o pegador.
In the game of tag, "dribbling" your body to trick the person who's "it".
Dans le jeu du chat, « dribbler » son corps pour leurrer le chat.

Barreira

Cozinheira dos barracões nos *GARIMPOS* de diamante na região de Ji-Paraná.
Female cook at a diamond-prospectors' camp (*GARIMPO*) in the Ji-Paraná region.
Cuisinière des campements de chercheurs de diamants (*GARIMPO*) dans la région de Ji-Paraná.

Barreiro

Onde os animais como antas, veados, etc., vem dormir ou beber água.
Where animals, such as tapirs, deer, etc., come to sleep or drink water.
Lieu où des animaux tels le tapir, le cerf, etc… viennent dormir ou boire.

Barrida

Varrida de vassoura.
Sweep of the broom.
Balayage.

Barrigudinho

Bacuri, curumim.
[Little pot-bellied one] Little boy.
[Petit ventru] Petit garçon.

Baseado

Cigarro de maconha.
Reefer, spliff.
Joint, pétard.

Bassora

Vassoura.
Broom.
Balai.

Batelão

[Francês] Barco de madeira para transporte de passageiros e cargas.
[French] Wooden barge for transporting passengers and cargo.
[Français] Bac en bois pour le transport de passagers et cargaisons.

Batendo biela

(Queimando óleo 90): Exaurido.
[Banging the piston rod] Exhausted, knackered (car).
[Battant la bielle] Épuisé, nase (voiture).

Bater no cururu

Trepar.
[To bang the toad] To fuck.
[Battre du/le crapaud] Baiser.

Beiradeiro

1) Habitante das margens dos rios. 2) *MATUTO*.
1) Someone who lives on the riverfront. 2) Backwoodsman, *MATUTO*.
1) Riverain, quelqu'un qui habite au bord d'une rivière. 2) Rustre, *MATUTO*.

Beleza

Personagem folclórico de Porto Velho.
[Beauty] One of Porto Velho's colorful characters.
[La Belle] Personnage folklorique de Porto Velho.

Bença

Benção.

Blessing.

Bénédiction.

Benga

Bia tamanho gigante.

Large roach.

Joint non terminé.

Beradeiro

BEIRADEIRO

Berlinda

[Italiano: Gracejo] Brincadeira infantil em que uma criança fica em destaque (*berlinda*), tentando adivinhar o que falam dela.

[Italian: Joke, jest, etc.] Game where a kid stands in the middle and has to guess what the others are saying about them.

[Italien : Plaisanterie, farce, etc...] Jeu où un gamin se tient au milieu et doit deviner ce que disent de lui/d'elle les autres.

BERON

Banco do Estado de Rondônia (falido).

State bank of Rondônia (bankrupt).

Banque de l'État de Rondônia (en faillite).

Beroniano

Bravo funcionário do extinto Banco do Estado de Rondônia.

Noble servant of the now-extinct State Bank of Rondônia.

Brave fonctionnaire de l'ancienne Banque d'État de Rondônia.

Beti

Jogo em que se utiliza tacos e uma bolinha de tênis ou meia, cujo objetivo é derrubar latas de óleo que servem como alvo.

Game using bats and tennis-balls or rolled-up socks where you have to try and knock down targets made of oil-cans.

Jeu avec des battes et des balles de tennis ou chaussettes enroulées où l'on essaie de renverser les cibles faites de bidons d'huile.

Bia

Ponta do cigarro de maconha.

Roach.

Mégot d'un joint.

Bibinha

Órgão sexual masculino diminuto.

[Little drink] Listen, I just don't want to talk about it, OK?

[Petite bibine] Organe sexuel masculin diminutif.

Biboca

Viela estreita.

Narrow alley.

Ruelle étroite.

Bico

Serviço temporário informal.

[Beak] Casual temporary job.

[Bec] Petit boulot intérimaire, souvent au noir.

Bicudo

1) Sujeito zangado. 2) Tempo difícil.

1) Furious person. 2) Hard times.

1) Personne enragée. 2) Temps difficiles.

Bilha

1) Batida de uma bola de gude em outra, concluindo a jogada. 2) Objeto de barro feito para guardar água.

1) Hitting a marble with another, ending the game. 2) Jar made of clay for storing water.

1) Touchant une bille avec une autre, concluant ainsi le jeu. 2) Broc d'argile fait pour stocker de l'eau.

Bilhar

Quando uma peteca bate na outra, acionada por uma terceira. "Bilhou!...".

When a marble hits another because hit by a third. "Hit!" (Lit. "Billiarded!").

Quand une bille touche une autre, ayant été touchée par une troisième. « Touché !... » (Lit. « Billardé ! »).

Biqueira

1) Parte do telhado por onde cai a água da chuva, usada para tomar banho. 2) Vizinhança.

1) Spout, the part of the roof where the rain runs off, used for taking showers. 2) Neighbours/neighbourhood.

1) Dégorgeoir, partie du toit d'où s'écoule la pluie, utilisée pour prendre sa douche. 2) Voisinage.

Birita

CACHAÇA, pinga, bebida.

Brazilian rum, sugar-cane brandy, booze.

Rhum brésilien, eau-de-vie de canne à sucre, boisson.

Biriteiro

Consumidor da *BIRITA*.

BIRITA drinker.

Consommateur de *BIRITA*.

BK

Táxi (sequência de placa de identificação de um táxi).

Taxi (part of a taxi's registration number).

Taxi (élément de la plaque d'immatriculation).

Blefado

[Inglês] Falido: se diz do *GARIMPEIRO* que perdeu tudo.

[English: Bluff] Bankrupt, on the rocks: said of a gold- or gem-prospector (*GARIMPEIRO*) who's lost everything.

[Anglais : Bluffé] Failli, fauché : se dit du chercheur d'or ou de pierres (*GARIMPEIRO*) qui a tout perdu.

Blefo

BLEFADO

Bocó

Bobo, quem não sabe de nada.

Goose, ninny, bubble-head, someone who doesn't have a clue about anything.

Bêta, gourde, qui ne sait rien de rien.

Bodado

Noiado, doidão.

Drugged, spaced out.

Drogué, défoncé.

Bode

1) Menstruação. 2) Confusão (Deu bode, deu zebra...).

1) Menstruation. 2) Muddle.

1) Menstruation. 2) Le désordre.

Bodeco

PIRARUCU ainda pequeno.

Young *PIRARUCU.*

PIRARUCU encore jeune.

Bodó

Peixe cascudo, bom prá caldeirada.

Horny-scaled fish, good for chowder.

Poisson aux écailles cornées, bon pour la « bouillabaisse » amazonienne.

Boi-bumbá

Espétaculo popular cômico-dramático com personagens humanos, animais e fantásticos que trata da morte e ressurreição do boi.

[± Slap me ox] Popular dramatic comedy with human, animal and supernatural characters dealing with the death and resurrection of the ox.

[± Claque-bœuf] Comédie dramatique populaire aux personnages humains, animaux, surnaturels, qui traite de la mort et résurrection du bœuf.

Boi-de-caixa

Brincadeira de crianças que imitam o *BOI-BUMBÁ* com caixas de papelão.

[Ox in the box] Children's game imitating *BOI-BUMBÁ* with cardboard boxes.

[Bœuf en boîte] Jeu d'enfants figurant le *BOI-BUMBÁ* avec des boîtes en carton.

Boiola

Veado, baitola, bicha, fresquinho. Ai…

Queer (veado: stag), queen, gay, pouf. Ouch!

Pédé (veado : cerf), tante, gay, folle. Aïe…

Boiúna

[Tupi: Cobra preta] Mito amazônico: a aterradora Cobra Grande. Entidade escura, que tem a forma de uma sucuri, faz virar as embarcações e engole pessoas.

[Tupi: Black snake] Amazonian myth: the awesome Cobra Grande. A mysterious creature who takes on the form of an anaconda, capsizes boats and gobbles people up.

[Tupi : Serpent noir] Mythe amazonien : le terrifiant Cobra Grande. Créature ténébreuse qui revêt la forme de l'anaconda, fait chavirer les embarcations et avale les gens.

Bojudo

Algo muito largo: pança, peitaças…

Something large and bulging: belly, boobs…

Quelque chose de gros ou pansu : bedaine, roberts…

Bola 7

Personagem folclórico de Porto Velho.

One of Porto Velho's colorful characters.

Personnage folklorique de Porto Velho.

Bolita

Bolinha de gude.

Little marble.

Petite bille.

Bolô

Peteca maior.

Big marble.

Grande bille.

Bolo podre

Bolo feito com MANDIOCA ralada.

[Rotten cake] Cake made with grated manioc.

[Gäteau pourri] Gâteau fait avec du manioc râpé.

Boneco duro

Brincadeira infantil, onde a criança "tocada" fica estática.

[Solid doll] Child's game, "statues", where players who've been "had" are not allowed to move.

[Poupée dure] Jeu d'enfants, « chat glacé », où ceux qui sont « touchés » doivent rester immobiles.

Bora

BÓRALÁ

Bóralá

Vamos embora.

C'mon, let's go… Let's get out of here.

On y va… On se la casse ?…

Bordejada

Caminhada de reconhecimento.

Cruising.

Sortir draguer.

Boroca

Bolsa tipo pochete usada pelos *GARIMPEIROS*.

Pouch used by gold- and gem-prospectors (*GARIMPEIRO*).

Pochette utilisée par les chercheurs d'or et de pierres (*GARIMPEIRO*).

Borrachudo (*Simuliidae*)

Inseto díptero, cuja fêmea chupa o sangue e ataca de dia. Ex. Pium.

Black fly: dipterous insect whose females suck blood and attack during the day. E.g. *Pium*.

Mouche noire / Simulie : insecte diptère dont la femelle se nourrit de sang et attaque le jour. Par ex. *Pium*.

Boto

Golfinho dos rios amazônicos, é um cetáceo conhecido por lendas que dizem ser o "boto" o responsável pela gravidez inoportuna nas garotas ribeirinhas. Expressão usada: "Foi o boto…".

Amazonian river dolphin. Legend has it the *boto* is responsible for the untimely pregnancy of young ladies living near the riverfront. The expression used is: "It was the *boto*, honest…".

Dauphin d'eau douce amazonien. D'après les légendes, le *boto* serait responsable des grossesses inopportunes de jeunes filles habitant proche de la rivière. L'expression consacrée serait : « C'tait le *boto*… ».

Brabo

1) *GARIMPEIRO* novato que desconhece o ofício. 2) Outro profissional que está iniciando o seu ofício. 3) Bravo.

1) Greenhorn gold- or gem-prospector (*GARIMPEIRO*) who doesn't know the job. 2) Any professional starting out in his/her respective trade. 3) Ferocious.

1) Chercheur d'or et de pierres (*GARIMPEIRO*) débutant qui ne connaît pas encore le métier. 2) Tout professionnel qui démarre son activité. 3) Féroce.

Brechador

Abelhudo, xereta. Como tem…

[Breacher] Busybody, meddler.

[Brècheur] Intrus, fouineur.

18

Brechar

Espiar furtivamente, lânguidamente pelas brechas...

[To breach] To spy – furtively, languidly… – through gaps.

[Brècher] Épier à travers des ouvertures de manière furtive et langoureuse.

Brecheiro

BRECHADOR

Brefado

BREFO

Brefo

Dureza, falência.

Hard times, ruin.

À sec, ruiné.

Brioco

[Francês: Brioche] Toba.

[French: Brioche] Anus, butt.

[Français : Brioche] Anus, troufignon.

Broca

1) Fome, brocado, com fome. 2) *ROÇADA*.

1) Hunger, wanting to eat, hungry. 2) *ROÇADA*.

1) Faim, désir de manger, avoir faim. 2) *ROÇADA*.

Brumar

Tirar um cochilo.

To have a nap.

Piquer une somme.

Buchuda

Mulher grávida.

[Bepaunched] Pregnant woman.

[Pansue] Femme enceinte.

Bumba-meu-boi

BOI-BUMBÁ

Burdura

Que diabo será isso ?

What the hell this was I haven't a clue.

Mot psychomnémotechnique désignant un lapsus lexicologique.

Buriti (*Mauritia vinifera*)

[Tupi] Palmeira com frutos comestíveis, e do qual se extrai óleo e se fabrica vinho.

[Tupi] Wine palm with edible fruit, and from which oil is extracted and wine made.

[Tupi] Palmier vinifère doté de fruits comestibles, et duquel on extrait de l'huile et fait du vin.

19

Buritizal

Plantação de *BURITIS*.

Plantation of *BURITI* wine palms.

Plantation du palmier vinifère *BURITI*.

Burra cega

Penetra, aquele que vai nas festas sem ser convidado. Ex. *ESCALADO*.

[Blind she-ass] Gate-crasher, person who goes to parties uninvited. E.g.
ESCALADO.

[Ânesse aveugle] Personne qui va aux fêtes sans y être invitée. Par ex.
ESCALADO.

Burracheira

Estado letárgico de auto-conhecimento, durante sessão da seita *UNIÃO DO
VEGETAL*, em que se ingere o *MARIRI*.

Lethargic state of self-awareness due to drinking *MARIRI* during the *UNIÃO
DO VEGETAL* sect ceremonies.

État léthargique de connaissance de soi dû à la consommation de *MARIRI*
lors des séances du secte *UNIÃO DO VEGETAL*.

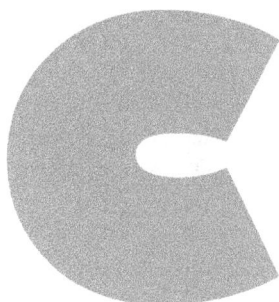

C

Caba

[Tupi: *kawa*] Espécie de vespa cuja ferroada produz dor e febre.

[Tupi: *kawa*] Type of wasp whose painful sting causes fever.

[Tupi : *kawa*] Variété de guêpe dont la piqûre est douloureuse et donne de la fièvre.

Cabaço

[Quimbundo] 1) Mulher virgem. 2) Hímem.

[Kimbundu] 1) Virgin woman. 2) Hymen.

[Quimbundo] 1) Femme vierge. 2) Hymen.

Cabidela

Cozido de galináceo feito com o sangue da ave, dissolvido em vinagre.

Chicken à la Cabidela: dish made with the bird's blood dissolved in vinegar.

Poulet à la Cabidela : plat fait avec du sang de l'oiseau dissous dans du vinaigre.

Caboca

Cabocla.

Female *CABOCLO*.

CABOCLO femme.

Caboclo

Mestiço de branco com índio. "Índio civilizado". Qualquer mulato de cor acobreado e cabelos lisos.

Indian and white half-breed. "Civilised Indian". Any copper-colored mulatto with straight hair.

Métisse d'Indien et de blanc. « Indien civilisé ». Tout mulâtre, ou métis, de couleur cuivrée et aux cheveux lisses.

Cabreiro

Ficar desconfiado.

[Goatish] Suspicious, mistrustful.

[Chèvreux] Méfiant, soupçonneux.

Cacaio

[Poss. Quimbundo] Espécie de mochila usada pelos sitiantes.

[Poss. Kimbundu] Sort of knapsack used by rural labourers.

[Poss. Quimbundo] Sorte de havresac/besace utilisé par les ouvriers agricoles.

Cacete

1) Pedaço de pau que serve para a lavadeira bater a roupa. 2) Porrada: "Fulano levou um cacete". 3) Pênis.

1) Piece of wood that washerwomen use to beat laundry. 2) Blow with a cudgel: "Wossisname got a right old walloping". 3) Penis.

1) Morceau de bois qu'utilisent les lavandières pour battre le linge. 2) Coup de trique : « Machin-chouette s'est fait flanquer une torgnole ». 3) Pénis.

Cachaça

Aguardente de mel ou de borras de melaço.

Brazilian rum or sugar-cane brandy made from honey or molasses' residues.

Rhum brésilien, eau-de-vie de canne à sucre élaboré à partir de miel ou de résidus de mélasse.

Cachorro velho

Pessoa conhecedora do assunto.

[Old dog] Someone who knows his subject.

[Vieux chien] Quelqu'un qui connaît son sujet.

Cachuleta

Croque ou cascudo com a ponta dos dedos na orelha.

Clip on the ear with the tip of the fingers.

Coup sur l'oreille du bout des doigts.

Cacimba

[Quimbundo: Kixibu] Poço de pouca profundidade, em que a água mina de uma fonte próxima.

[Kimbundu: Kixibu] Relatively shallow well, into which water comes from a nearby spring.

[Quimbundo : Kixibu] Puit peu profond, dont l'eau provient d'une source proche.

Caçuleta

CACHULETA

Cacunda

[Quimbundo] Corcunda.

[Kimbundu] Hunchback.

[Quimbundo] Bossu.

Caducar
Acariciar criança nova com carinho.
[Go soft in the head] Cherish and cuddle a baby.
[Devenir gaga / caduc] Couvrir un bébé de câlins.

Café Santos
Ponto de encontro da antiga Porto Velho nas decadas 60, 70.
Popular bar in Porto Velho during the 60s and 70s.
Lieu de rencontre dans le Porto Velho d'antan (années 60, 70…).

Cafundó / cafundós
Lugar ermo e distante.
Boondocks, back of beyond.
Perpète-les-Oies.

Caipira
Habitante da *ROÇA* ou do campo, de pouca instrução. Ex. *MATEIRO*.
Person living on a *ROÇA*, hillbilly, countryman, little educated. E.g. *MATEIRO*.
Habitant d'une *ROÇA*, campagnard, peu instruit. Par ex. *MATEIRO*.

Cair na buraqueira
Pegar a BR-364.
[To fall into the pot-holery] to travel on the BR-364 (inter-State "highway")
[Tomber dans les nids de poule] prendre la BR-364 (« autoroute » nationale).

Caissuma
Espécie de bebida de consistência grossa feita com o suco da raiz da *MANDIOCA*, depois de exposição ao sol, que diminui suas propriedades tóxicas.
Thick sort of drink made from the juice of manioc root after exposure to the sun, reducing its toxic properties.
Espèce de boisson épaisse faite avec le suc des racines de manioc, après exposition au soleil pour diminuer leurs propriétés toxiques.

Caititu (*Tayassu tajacu*)
[Tupi] Pequeno porco-do-mato.
[Tupi] Collared peccary: little bush pig.
[Tupi] Pécari à collier : petit sanglier sauvage.

Cajá (*Spondias lutea*)
[Tupi] Fruta tropical, aromática, muito sucosa e azeda.
[Tupi] Hog plum: aromatic, very sharp and juicy tropical fruit.
[Tupi] Caja / Spondias, fruit tropical, aromatique, très succulent et amer.

Cajarana (*Spondias dulcis*)
[Tupi: Falso *CAJÁ*] Cajá-manga, fruta com polpa fibrosa, com caroço espinhento. Aparentada à *CAJÁ*.
[Tupi: Pseudo *CAJÁ*] Ambarella, fruit with fibrous pulp and spiny stone. Next of kin to the hog plum: *CAJÁ*.
[Tupi : Faux *CAJÁ*] Prune-cythère, fruit à la pulpe fibreuse et au noyau épineux. Parent proche du *CAJÁ*.

Cajú (*Anacardium occidentale*)

[Tupi] Fruta e noz da árvore tropical cajueiro, aparentado ao sumagre venenoso, usado como suco, alimento, praguicida e na produção de plásticos.

[Tupi] Cashew: fruit and nut of the tropical cashew tree, related to poison ivy (sumac), used as juice, food, pesticide and in the production of plastics.

[Tupi] Cajou : fruit et noix de l'anacardier, arbre tropical, apparenté au sumac vénéneux, utilisé comme jus, aliment, pesticide et dans la production des plastiques.

Calafate

[Grego] Profissional que veda ou fabrica embarcações de madeira.

[Greek] Professional who caulks or manufactures wooden boats.

[Grec] Professionnel qui calfeutre ou qui fabrique des embarcations en bois.

Caldeirada

Prato regional feito com peixe, ervas, legumes, temperos e condimentos.

Regional dish made with fish, herbs, vegetables, seasoning and condiments.

Plat régional fait avec du poisson, des herbes, des légumes et assaisonnement.

Caldo

Preparado à base de carne, legumes e iguarias.

Broth made from meat, vegetables and titbits.

Potage préparé avec de la viande, des légumes et divers morceaux choisis.

Calibrado

Turbinado, embriagado.

[Calibrated, turbo-charged] Drunk.

[Étalonné, turbo] Ivre.

Calombo

Galo, protuberância inflamada, hematoma.

Bump, inflamed swelling, haematoma.

Bosse, protubérance enflammée, hématome.

Cambota

Perna torta.

[Wheel rim] Bandy-legged person.

[Jante] Personne aux jambes arquées.

Camone

[Inglês: "Come on": venha] Brincadeira infantil adaptada de filmes de faroeste.

[English: Come on] Child's game adapted from cowboy films.

[Anglais : « Come on » : viens donc] Jeu d'enfants adapté des films westerns.

Cancela

Portão simples.
A gate, plain and simple.
Portail simple.

Candiru (*Vandellia cirrhosa*, etc.)

[Tupi] Peixe (±2,5 cm) intruso que, segundo a crença (e não simplesmente crença), se entranha nos orifícios humanos, erigindo as espinhas nas suas guelras e de lá saindo só após muito esforço ou ação de bisturi...

[Tupi] Candiru: interfering little fish (±1") reputed (not simply reputed) to penetrate human orifices, opening out the spines on its gill-covers and very difficult to remove, sometimes needing the scalpel...

[Tupi] Candiru : petit poisson pervers (±2,5 cm) qui, d'après la croyance (pas simplement une croyance), pénètre les orifices humaines, étale les épines portées sur l'opercule, et ne peut être sorti qu'au coût d'immenses efforts, ou du bistouri...

Canhão

Mulher feia.
[Cannon] Ugly woman.
[Canon] Femme laide.

Canoeiro

[Aruaque] Construtor de canoas (ou quem dirige a canoa no rio).
[Arawak] Canoe-builder (or person steering one on the river).
[Arawak] Constructeur de pirogues (ou personne qui la pilote).

Canto

Esquina.
Corner.
Angle.

Capacho

Puxa-saco, homem servil.
[Door-mat] Toady, lackey, servile man.
[Paillasson] Lèche-bottes, homme obséquieux.

Capar o gato

Picar a mula. Dar o fora.
[Castrate the cat (spur the mule)] To scram, get out, hop it.
[Châtrer le chat (éperonner le mulet)] S'enfuir, déguerpir, ficher le camp.

Capionga

1) Murcho. 2) *MATUTO*.
1) Washed out, drip. 2) Bumpkin, *MATUTO*.
1) Épuisé, lavette. 2) Rustre, *MATUTO*.

Capitão

Bolinho de feijão amassado com *FARINHA*.
[Captain] Little dumpling made of beans and *FARINHA*.
[Capitaine] Boulette de fèves mélangées avec de la *FARINHA*.

Capoeira

[Tupi: Roça que já foi] Terreno que foi roçado e que nasceu outra vez.
[Tupi: Roça that was] Land formerly *roça* that grew back again.
[Tupi : Roça qui fut] Terrain où la *roça* a repoussé de nouveau.

Cara-dura

Cara-de-pau, sem pudor, sem vergonha.
[Hard-face] Person with no sense of restraint or propriety, impudent person, shameless.
[Visage dur] Sans-gêne, sans pudeur, sans vergogne.

Carambola (*Averrhoa carambola*)

[Marata] Fruta regional.
[Mahratti] Carambola, regional fruit, also known as star-fruit.
[Mahrathe] Carambole, fruit régional.

Carapanã (*Anopheles spp.*)

[Galibi-do-oiapoque] Mosquito, pernilongo.
[Oyapock Galibi] Mosquito.
[Galibi d'Oyapock] Moustique.

Cartar

Exibir-se, ostentando elegância.
To parade, flaunting one's elegance.
S'exhiber, faisant étalage de son élégance.

Casa da Barbie

[Mattel] A cor original do Pal. Pres. Vargas é a cor-de-rosa. No entanto, no período em que retornou a sua cor original foi assim chamado.
[Mattel: Barbie House] The original color of the Palácio Presidente Vargas was pink. Then they repainted it, but during the time it returned to its original color, that's what it was called. If you see what I mean.
[Mattel : Maison de Barbie] La couleur originale du Palácio Presidente Vargas était rose. Puis on l'a repeint. Cependant, pendant la période où il a retrouvé sa couleur originale, voilà comment on l'appelait. Moi y en a rien comprendre.

Casqueta

Pequeno *papagaio* (casquetinha).
Little kite.
Petit cerf-volant.

Casquinha

Tirar uma casquinha. Amassar, namorar, etc.
To touch up, to fondle. Necking, heavy petting, etc.
Se tripoter, se faire des attouchements. S'embrasser, se peloter...

Castanheiro

Homem que colhe castanhas no *mato*.
Man who gathers Brazil nuts in the forest.
Homme qui récolte les noix du Brésil dans la forêt.

Catalina

Avião anfíbio que, nos anos 40, 50 et 60, amerissava em Porto Velho.

Hydroplane that used to wet itself at Porto Velho from the forties to sixties.

Avion amphibie qui, dans les années 40, 50 et 60, mouillait à Porto Velho.

Catar

1) Tirar piolho. 2) Movimentar o *PAPAGAIO* para cima e para baixo até que ele suba até a altura que se deseja.

1) To delouse. 2) To move the kite up and down until it reaches the desired height.

1) Épouiller. 2) Faire bouger le cerf-volant en haut et en bas jusqu'à ce qu'il arrive à la hauteur souhaitée.

Catarata

Meleca do nariz.

[Waterfall] Snot, bogey.

[Chute d'eau] Crotte de nez.

Catega

[Categorizado] 1) Alinhado. 2) Nome de um cinema em Porto Velho, que mais tarde se chamou Cine Brasil.

[Classified] 1) Elegant, chic, elite. 2) Former name of a Porto Velho cinema, later called Cine Brasil.

[Catégorié] 1) Élégant, élite, anglais. 2) Nom d'un cinéma au Porto Velho, depuis renommé le Cine Brasil.

Catingoso

[Tupi] 1) Que tem mau cheiro. 2) Veado do *MATO*, com chifres.

[Tupi] 1) Malodorous, with a nasty smell. 2) Forest stag, with antlers (*cf. BOIOLA*).

[Tupi] 1) Malodorant, qui a une odeur forte. 2) Cerf, du bois, aux bois (*cf. BOIOLA*).

Catombo

CALOMBO

Catraia

[Poss. Malaiala] Embarcação de madeira utilizada na região do Vale do Guaporé.

[Poss. Malayalam] Small wooden one-man boat used in the Guaporé valley.

[Poss. Malayalam] Petite embarcation en bois pour une personne utilisée dans la vallée de Guaporé.

Caucho (*Castilla ulei*)

[*Káutxuk*: de um idioma índio não identificado, talvez do Peru, talvez também do Quéchua: "madeira que chora" ou "pau que dá leite"] SERINGUEIRA, ou espécie de látex de qualidade inferior, que coagula muito depressa.

[*Káutxuk*: from an unidentified Indian language, perhaps from Peru, perhaps also from the Quechua, meaning "weeping wood" or "wood that gives milk"] Rubber tree (SERINGUEIRA), or inferior variety of rubber that sets very quickly.

[*Káutxuk* : de langue indienne non-identifiée, peut-être du Pérou, peut-être aussi du quechua pour « bois qui pleure » ou « bois qui donne du lait »] Arbre à gomme (SERINGUEIRA), ou variété inférieure de caoutchouc qui fige très rapidement.

Cauim

[Tupi] Espécie de bebida preparada com a MANDIOCA cozida e fermentada. Os índios antigamente a misturavam com TAPEREBÁ, CAJÚ e outras frutas.

[Tupi] Sort of drink made from cooked and fermented manioc. Indians used to mix it with the fruit of TAPEREBÁ, CAJÚ and others.

[Tupi] Sorte de boisson préparée avec du manioc cuit et fermenté. Anciennement, les indiens le mélangeaient avec le fruit du TAPEREBÁ, CAJÚ et autres.

Cavernada

Em festas no MATO, na falta de mulher, homem dançando com homem.

[Caved] In parties or festivities in the MATO where there aren't enough women to go round: men dancing with men.

[Cavé(e ?)] Aux abois par la manque des femmes dans les fêtes dans le MATO, les hommes dansant avec les hommes.

Ceariba

Nordestino.

[Person from Ceará, state in the Northeast region of Brazil] Person from the Northeast itself.

[Personne de Ceará, état de la région Nord-Est du Brésil] Toute personne du Nord-Est.

Cerca-Lourenço

Conversa mole, sem ir direto ao assunto.

[Round about Lawrence. Why him no-one knows] Beating about the bush, not getting straight to the point.

[Autour du Laurent. Pourquoi lui, va savoir] Aller par quatre chemins, sans aller directement au vif du sujet.

Cerol

Vidro moído aplicado com cola nas linhas dos PAPAGAIOS.

Ground glass glued to a kite string.

Verre pilé collé sur une ligne de cerf-volant.

Ceva

Espécie de chiqueiro usado para engordar o porco capado.

Sort of pen used to fatten hogs.

Sorte d'enclos utilisé pour engraisser les verrats châtrés.

Chá-de-burro

MINGAU feito com milho.

[Donkey tea] Pap (*MINGAU*) made from maize.

[Thé d'âne] Bouillie (*MINGAU*) de maïs.

Chagão

Drible da vaca.

Slow dribble in football.

Dribbler lentement dans le foot.

Chama

Nota ou moeda guardada na bolsa para atrair mais dinheiro.

[Lure, bait] Banknote or coin kept in the purse or wallet to attract more money.

[Charme, appât] Billet de banque ou pièce de monnaie retenu dans le porte-monnaie, portefeuille, pour en attirer d'autres.

Chana

CHAVASCA

Chapa

1) Companheiro, amigo. 2) Carregador/descarregador de cargas.

1) Chap, fellow, friend. 2) Stevedore.

1) Pote, compagnon, ami. 2) Débardeur.

Chapado

Travado, sob o efeito de narcóticos ou bebida.

[Complete] Drunk, under the effect of narcotics or drink.

[Complet] Ivre, sous l'effet de narcotiques ou de boisson.

Chavasca

Órgão sexual feminino de proporções avantajadas.

Female sexual organ of generous proportions.

Organe sexuel féminin de proportions avantageuses.

Chavascal

Não é o que tu tá pensando. É a vegetação baixa, quase impenetrável, cheia de espinhos, que dá nas *RESTINGAS*, às margens dos cursos da água.

Not what you're thinking. It's the almost-impenetrable, short, thorny scrub found in the *RESTINGAS* alongside waterways.

Pas ce que tu penses. C'est la broussaille épineuse et quasi impénétrable retrouvée dans les *RESTINGAS* le long des cours d'eau.

Cheiroso

Pejorativo, fedorento.

[Odorous] Pejorative: foetid, stinking.

[Odorant] Péjoratif : fétide, puant.

Chêpa

Rango, comida, almoço.

Chow, food, lunch.

Bouffe, nourriture, déjeuner.

Cheque-trenzinho

Vai até St° Antônio e volta. Logomarca dos cheques do finado BERON.

[Choo-choo cheque] Rubber cheque, so-called because of the *EFMM* train printed on BERON cheque books and the regular lack of provisions behind them.

[Chèque du petit train] Chèque en bois, ainsi nommé pour le train *EFMM* imprimé sur les chéquiers BERON et l'absence chronique de fonds.

Chibé

Suco de limão misturado com *FARINHA*, ou água, açúcar e *FARINHA*.

Drink made of lemon juice mixed with *FARINHA*, or just water, sugar and *FARINHA*.

Boisson au jus de citron avec de la *FARINHA* ou, simplement, eau, sucre et *FARINHA*.

Chicha

Bebida feita com milho fermentado, cravo, erva-doce, folha de figo e gengibre.

Drink made of fermented maize, cloves, fennel, fig leaves and ginger.

Boisson élaborée à partir de maïs fermenté, clou de girofle, fenouil, feuille de figuier et gingembre.

Chifrola

Chifrudo e *BOIOLA*. É demais…

Cuckold and gay. That's too much…

Cocu et pédé. Trop c'est trop…

Chinfra

Sujeito afetado, metido a gostoso.

Poser: conceited, pretentious.

Poseur, imbu de lui-même, prétentieux.

Chispar

Fugir.

To rush off.

S'enfuir.

Chove-não-molha

Indecisão (Nem come nem sai de cima, nem caga nem desocupa a moita, etc, etc...).

[Non-wet-rain] Indecision, shilly-shallying. (Neither fuck nor leave the bedroom, neither shit nor get off the pot, etc, etc.)

[Pluie-pas-mouillée] Indécision, tergiverser. (Ni baiser ni remettre son slip, ni chier ni quitter les gogues, etc, etc…)

Chula

Vestimenta ou atitude inadequada.

[Rude] Inappropriate dress or attitude.

[Grossier] Vêtement ou attitude inadéquat.

Chuva-da-manga

2ª chuva depois do *VERÃO*.

[Mango rain] 2nd rains since summer (*VERÃO*).

[Pluie de la mangue] 2ème pluie depuis l'été (*VERÃO*).

Chuva-do-cajú

1ª chuva depois do *VERÃO*.
[Cashew rain] 1st rains since summer (*VERÃO*).
[Pluie du cajou] 1ère pluie depuis l'été (*VERÃO*).

Cigana (*Opisthocomus hoazin*)

Ave amazônica, menor que uma galinha. Habita rios, *IGARAPÉS* e lagos, como o do Cuniã.
Hoatzin: Amazonian bird, smaller than a chicken. Lives in rivers, *IGARAPÉS* and lakes, such as lake Cuniã.
Hoatzin : oiseau amazonien, plus petit qu'un poulet. Vit dans les rivières, *IGARAPÉS* et lacs, tel le lac Cuniã.

Cismado

[Grego: Cisma] Sujeito desconfiado, que suspeita de algo.
[Greek: Schism] Distrustful person, someone who suspects something.
[Grec : Schisme] Personne méfiante, qui soupçonne quelque chose.

Cliper

[Inglês Tipo de barco] Espécie de lanchonete que ficava em canteiros no meio da Av. Sete de Setembro.
[English: Clipper] Sort of snack-bar that used to be set up on trestles in the middle of Avenue Sete de Setembro (Porto Velho's main drag).
[Anglais : Clipper] Espèce de snack dressé, à une époque, sur tréteaux au milieu de l'Avenue Sete de Setembro (Champs Élysées de Porto Velho).

Cobra

1) Viajar na cobra, viajar pela União Cascavel. 2) Abreviatura de cobrador de ônibus.
1) Twofold pun: to take the snake = travel on a União Cascavel bus (*cascavel* = rattlesnake, and *cobra* = snake) and 2) Short for *cobrador*, bus conductor.
1) Double jeu de mots : Voyager en serpent = Prendre un bus de la société União Cascavel (*cascavel* = crotale, et *cobra* = serpent) et 2) Abréviation de *cobrador*, conducteur de bus.

Cocal

Marca de aguardente muito apreciada antigamente.
Once very popular brand of spirit.
Marque d'alcool très apprécié dans le temps.

Cocrete

[Francês] Croquete.
[French] Meat ball (beef, chicken, prawn, etc.).
[Français] Boulette de viande (bœuf, poulet, crevette, etc…).

Cojuba

Saco escrotal maior que o normal. Bem maior.
Scrotum larger than normal. Much larger.
Bourses (scrotum) plus grandes que d'habitude. Beaucoup plus grandes.

Colega

"Boi de carga", chefe de família.
"Pack ox", head of the family.
« Bœuf de somme », chef de famille.

Colocação

Área de extração do látex nativo com barracos construídos com folha de palmeira, para moradia dos *SERINGUEIROS*.
Place where natural rubber, or latex, is tapped, with huts made of palm leaves for the tappers (*SERINGUEIROS*) to live in.
Zone d'exploitation de caoutchouc naturel, ou latex, avec des cases en feuilles de palmier pour les *SERINGUEIROS*.

Comenínguens

Pessoas integrantes de uma tribo urbana que, durante um período, não conseguem convencer nenhuma pessoa do sexo oposto para um embate sexual. Pode ser temporário. É bom que seja.
[Fuck-nobody] Person integrating an urban tribe who, for a while, doesn't manage to convince anyone of the opposite sex into partaking in copulatory activities. Generally temporary. Good thing too.
[Chibre-chomeuse] Personne intégrant une tribu urbaine qui, pendant un certain temps, ne réussit à convaincre qui que ce soit du sexe opposé pour des ébats sexuels. Peut-être temporaire. Pas plus mal.

Come-quieto

O mineiro.
[Fuck-quietly] Sly bastard, person from Minas Gerais, reputed for keeping quiet about things, not boasting about conquests, etc.
[Baise-muet] Petit fouteur, personne de Minas Gerais, réputée pour leur discrétion, pour ne pas raconter leurs conquêtes partout.

Copaíba (*Copaifera langsdorfii*)

[Tupi: Árvore que tem jazida (de óleo)] Árvore da qual se extrai um óleo com propriedades medicinais.
[Tupi: Tree that stores (oil)] Copaiba, copaifera: tree from which an oil with medicinal properties is extracted.
[Tupi : Arbre qui stocke (de l'huile)] Copaïer, copayer : arbre duquel on extrait une huile aux vertus médicinales.

Corró

Sujeito "marcão", *LESO*.
Dim-wit, brain-dead (*LESO*).
Personne conne, lente à la détente (*LESO*).

Corruptela

[Latim: Corrupção] Espécie de vila próxima ao *GARIMPO*.
[Latim: Corruption] Sort of settlement near to a *GARIMPO*.
[Latin : Corruption] Espèce de ville proche à un *GARIMPO*.

Costurar

[Latim] Fazer ziguezague com o *PAPAGAIO*.
[Latin: Sew] Making the kite go zigzag.
[Latin : Coudre] Faire zigzag avec le cerf-volant.

Crica

Sujeito chato (cri-cri).

Boring person (repetitive sound made by crickets).

Raseur (stridulations répétées du cri-cri)

Cristal

Cocaína pura proveniente da Bolívia.

Pure cocaine from Bolivia.

Cocaïne pure en provenance de la Bolivie.

Cruviana

Mesmo nas noites quentes, na madrugada vem um ventinho fresco. É a Cruviana…

After a long, hot night, a nice cool wind at dawn: the Cruviana…

Même des nuits les plus chaudes, à l'aube vient un petit vent tout frais : la Cruviana…

Cruzeta

1) Cabide de roupa. 2) *NÓ-CEGO*.

[Little cross] 1) Clothes-hanger. 2) Rip-off merchant, swindler (*NÓ-CEGO*).

[Petite croix] 1) Cintre. 2) Arnaqueur (*NÓ-CEGO*).

Cuí

Pessoa exageradamente magra.

Extraordinarily thin person.

Personne excessivement maigre.

Cuia

1) Cabaça, fruto do cuieira, recipiente feito da casca do coité, usada para *TACACÁ*. 2) No futebol: chapéu. Quem não conhece o chapéu famoso de Pelé em Stockholm, 1958?

1) Gourd, fruit of the calabash tree, recipient made from the gourd shell, used for *TACACÁ*. 2) In football, a *cuia* or *chapéu* (hat) is when a player kicks the ball over the opponent's head and races round to get there first when it lands. For example, Pelé, World Cup, 1958, Råsunda, Stockholm: Brazil 5 - Sweden 2.

1) Gourde, fruit du calebassier, récipient fait avec la calebasse, utilisée pour la *TACACÁ*. 2) En foot, un *cuia* ou *chapéu* (chapeau) c'est quand un joueur tape le ballon en un arc au-dessus de la trajectoire réelle ou présumée de l'adversaire et se précipite pour y arriver au moment où il retombe par terre avant l'homoloustique, et réussit son coup, par ex., Pelé, Coupe du Monde, Stockholm 1958.

Cuida

[Latim: Cogitare, cogitar] Anda rápido: "Cuida, *MANINHO*, depressa...".

[Latin: Cogitare, think] Move quickly: "C'mon, mate (*MANINHO*), get a move on…".

[Latin : Cogitare, cogiter] Bouger rapidement : « Allez, mon pote (*MANINHO*), magne-toi… ».

Cuiu-cuiu

[Tupi] Peixe amazônico do tamanho médio e de hábitos noturnos, com placas córneas ao longo do lado.

[Tupi] Amazonian fish of medium sized and nocturnal habits, with a row of horny plates along each side.

[Tupi] Poisson amazonien nocturne, de taille moyenne et avec une rangée de plaques cornées le long de chaque côté.

Cumbeira

Rápido, veloz.

Fast, speedy.

Rapide, véloce.

Cunhã

[Tupi: Cu nhã: língua que corre: mulher] Menina, moça.

[Tupi: Cu nhã: tongue that runs: woman] Girl.

[Tupi : Cu nhã : langue qui court : femme] Fille.

Cunhantã

CUNHATÃ

Cunhã-poranga

[Tupi: Mulher bela] A índia mais bonita da tribo.

[Tupi: Beautiful woman] The most beautiful Indian woman in the tribe.

[Tupi : Belle femme] La plus belle indienne de la tribu.

Cunhapuriara

Velha.

Old woman.

Vieille femme.

Cunhaquira

Menina virgem.

Virgin girl.

Fille vierge.

Cunhatã

[Tupi: Garota púbere] Menina, moça.

[Tupi: Pubescent girl] Girl, lass.

[Tupi : Fille pubère] Fille, jeune fille.

Cupiá

[Tupi: Cupiara: espécie da varanda] Avarandado.

[Tupi: Cupiara: sort of veranda] Having a veranda.

[Tupi : Cupiara : espèce de véranda] Ayant une véranda.

Cupuaçu (*Theobroma grandiflorum*)

[Tupi] Fruta regional.

[Tupi] Regional fruit.

[Tupi] Fruit régional.

Curica

[Tupi] Pipa feita de papel, sem estrutura.
[Tupi] Small paper kite with no frame.
[Tupi] Petit cerf-volant sans structure.

Curimatã (*Prochilodus spp.*)

[Tupi] Peixe que se nutre de vegetais e lodo, também conhecido como papa-terra.
[Tupi] Fish feeding on plant matter and mire, also known as *papa-terra* (dirt-eater).
[Tupi] Poisson qui mange de la matière végétale et de la fange, connu aussi sous le sobriquet *papa-terra* (mange-terre).

Curuba

[Tupi] Irritação da pele, coceira, ferida, sarna.
[Tupi] Itch, skin irritation, mange, sore, prurigo.
[Tupi] Démangeaison, irritation de la peau, gale, inflammation, prurit.

Curumim

[Tupi] Menino.
[Tupi] Little boy.
[Tupi] Petit garçon.

Curuminzada

Meninada.
Bunch of boys.
Groupe de garçons.

Cutuba

1) Membro de corrente política situacionista liderada por Aluizio Ferreira. 2) Pejorativo (cú-doce, metido, catega, etc).
1) Member of the situationist political movement led by Aluizio Ferreira. 2) Pejorative (full of airs [sweet-arse], conceited, dressy, etc...)
1) Membre du mouvement politique situationniste mené par Aluizio Ferreira. 2) Péjoratif : minaudant [cul-doux], suffisant, habillé flash, etc...).

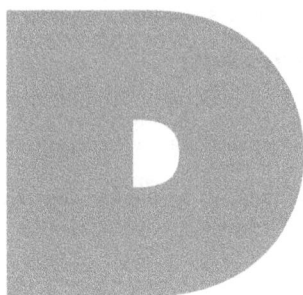

D

Daime

SANTO-DAIME

Danadão

Pessoa muito danada.

[Damned B] Right damned bastard. Cryptic nickname for a certain person renowned for his "creative governance", or people of that ilk.

[Sâlaupiau] Véritable pourriture. Surnom sibyllin d'une certaine personne connue pour sa « gestion étatique créative » et d'autres zouaves semblables.

Data

Terreno urbano, área de terra.

Plot of land in town, area of land.

Terrain urbain, superficie de terre.

Descair

Deixar cair a linha do *PAPAGAIO*, soltando-a.

Letting the kite line drop, playing it out.

Laisser tomber la ligne de cerf-volant, la relâchant.

Descansar

Dar a luz, parir.

[To rest] To bring into the world, to give birth.

[Reposer] Donner le jour à, donner naissance à.

Descanso do guerreiro

Motel ecológico da década de 70. Cabanas no *MATO* com direito à bebidas, cigarros, churrasco que, eventualmente, tornavam-se ninhos de amor.

[Warrior's Rest] Ecological motel of the 70s. Originally huts in the *MATO* where you could buy iced beer, drinks, cigarettes, churrasco (barbeques), etc., that eventually became transformed into love motels.

[Repos du Guerrier] Motel écologique des années 70. Cases dans le *MATO* où on pouvait acheter de la bière fraîche, cigarettes, churrasco (barbeques), etc., et qui finirent par devenir des motels à lits gigogne-simple.

Desmentiu

Destroncou (o dedo).
Dislocated (the finger).
S'est démis (le doigt).

Despois

Após, depois.
After, afterwards.
Après, depuis.

Dibuiá

Debulhar milho.
To husk maize.
Décortiquer le maïs.

Dimdim

Refresco congelado embalado em plástico, para chupar.
± Mr Freeze: frozen drinks packed in long, thin, plastic tubes and sucked.
Bâtonnet : glace à eau emballée dans un long tuyau de plastique fine qui se suce.

Dindin

DIMDIM

Dispescar

Processo de retirada do ouro em pó, das caixas coletoras feitas com carpete. O ouro fica depositado no fundo, por ser mais pesado.

Process for extracting gold powder out of collecting-bins made from carpet. Being heavier, the gold is deposited at the bottom.

Procédure pour l'extraction de l'or en poudre, se servant de caissons faits de moquette. Étant plus lourd, l'or se dépose au fond.

Distrocer

Destorcer.
To untwist, disentangle.
Détordre, démêler.

Divéde

Divide.
He / she divides.
Il / elle divise.

Dourado (*Salminus maxillosus*)

Peixe amazônico muito apreciado, frito ou ensopado.

Dorado: very tasty Amazonian river fish, grilled or made into soup.

Dorade : poisson des rivières amazoniennes fort apprécié, grillé ou en soupe.

E

EFMM

Estrada de Ferro Madeira-Mamoré: a lendária ferrovia de 366 km no hoje Estado de Rondônia, ligando Guajará-Mirim no rio Mamoré a Porto Velho no rio Madeira.

Madeira-Mamoré Railway: the legendary 366-kilometer railway in what is now the state of Rondônia, linking Guajará-Mirim on the Mamoré with the one-time port of Santo Antonio on the Madeira.

Chemin de Fer Madeira-Mamoré : chemin de fer légendaire de 366 km dans l'état actuel de Rondônia, reliant Guajará-Mirim sur le Rio Mamoré à Porto Velho sur le Rio Madeira.

Égua!

ARRE-ÉGUA!

Égua do boi!

Expressão de espanto.

[Mare of the bull] Expression of surprise, fright or amazement.

[Jument du bœuf, « Ah, la vache ! »] Expression de surprise, de peur ou d'étonnement.

Eita!

Êta!

Seventh letter of the Greek alphabet, but probably meaning "wow!", "cor blimey!", "Gordon Bennetts!" or something like that.

Septième lettre de l'alphabet grec, mais vraisemblablement ça veut dire : « Putain ! », « Purée ! » (pour les polis), « Con ! » (pour les gens du midi).

Embiocar

Cair o *PAPAGAIO* em parafuso.

Let the kite spiral down.

Faire descendre le cerf-volant en tire-bouchon.

Emburrado
Zangado.
["Bemuled"] Exasperated, furious, miffed.
[« Âné »] Exaspéré, furibond, dégoûté.

Empolado
Cheio de calombos, caroços, com a pele irritada.
Covered in blisters, lumps, inflamed (skin).
[Ampoulé] Couvert d'ampoules, bosses, à la peau enflammée.

Empombado
Sujeito cheio de orgulho.
[Bepigeoned] Very proud person, person full of himself.
[Empigeonné] Personne pouffée de fierté.

Encasquetado
Impressionado.
[Capped] Impressed
[Casquetté] Impressionné. « Chapeau ! »

Encosto
1) Espírito que se aproxima e permanece em determinada pessoa e a perturba. 2) Pessoa pegajosa.
[On your back] 1) Spirit that closes in on somebody and stays there, bothering them. 2) Clingy person.
[Endossé] 1) Esprit qui vient se rapprocher à quelqu'un, et reste là à le perturber. 2) Personne collante, la poisse.

Encruado
Travado, trancado, não anda.
Hampered, barred, not working.
Entravé, verrouillé, ne pas fonctionner.

Engasguelada
Linha enrolada na pipa.
Kite when tangled up in its line.
Cerf-volant quand il est tout emmêlé dans sa ligne.

Engilhado
Enrugado.
Wrinkled.
Ridé.

Enjoado
Metido a besta.
[Sick-making] Pretentious.
[Vomitif] Prétentieux.

Entojo
Enjôo.
Nausea.
La nausée.

40

Enxerido

GAIATO

Eraste!

Expressão de espanto.
Expression of surprise.
Expression de surprise.

Escalado

Penetra, pessoa que vai onde não é convidada. Ex. *SAPO*.
[Climbed] Gate-crasher, person who goes places uninvited. E.g. *SAPO*.
[Escaladé] Personne qui va là où elle n'a pas été invitée. Par ex. *SAPO*.

Escamar

1) Discordar, ficar contrafeito. 2) Tirar escamas do peixe.
[Desquamate] 1) To disagree, to be upset. 2) To scale a fish.
[Désquamer] 1) Être en désaccord, être contrarié. 2) Écailler un poisson.

Escanchar

1) Sentar, com as pernas bem abertas. 2) Também ouvi no Guaporé com o sentido de "derramar, jogar líquido".
1) To sit down with your legs wide open. 2) Also heard on the Guaporé in the sense of to sprinkle or spray water.
1) S'asseoir les jambes bien écartées. 2) Entendu également sur le Guaporé dans le sens d'asperger, de projeter de l'eau.

Escornado

1) Bêbado. 2) Atirado.
[Horned] 1) Drunk. 2) Daring.
[Corné] 1) Ivre. 2) Intrépide.

Escroto

Sem escrúpulos, chato, insistente.
[Scrotum] Unscrupulous, annoying, persistent.
[Scrotum] Sans scrupules, ennuyeux, persistant.

Esculacho

Esculhambação, esporro esculhambado.
Disorder, disorderly row.
Bordel, pagaille, tapage.

Esmorecer

Perder o ânimo.
To lose heart, to be discouraged.
Perdre courage, se décourager.

Esnuque

Jogo de bilhar.
[English: Snooker] Billiards.
[Anglais: Snooker] Jeu de billards.

Estirão

1) Caminho comprido. 2) Linha reta e longa do curso do rio.
1) Lengthy path. 2) Long, straight stretch of river.
1) Chemin longuet. 2) Étendue de rivière longue et droite.

Êta, porra!

Expressão de espanto, admiração.
[Wow, dick/cum!] Another ejaculation of surprise or admiration.
[± Ouaah, bitte / foutre !] Autre éjaculation de surprise ou d'admiration.

Expresso

Horário da *EFMM*.
EFMM timetable.
Horaire du *EFMM*.

Extrato

Perfume.
Perfume.
Parfum.

F

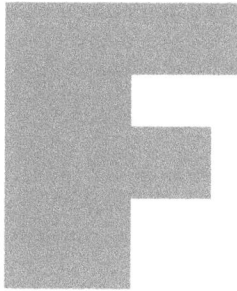

Falsipar (*Plasmodium falciparum*)

Malária muito virulenta.

Highly virulent form of malaria.

Forme très virulente du paludisme.

Farinha

Raiz da MANDIOCA triturada e secada até fazer grão ou farinha grosseira. Se come com tudo, do peixe às bananas.

[Flour] Manioc root shredded and dried until it produces a coarse grit. Eaten with everything, from fish to bananas.

[Farine] Racine de manioc triturée et séchée jusqu'à ce que se produit une farine grossière. Se mange avec tout : du poisson jusqu'aux bananes.

Farinha-d'água

FARINHA feita da MANDIOCA da PUBA.

[Water flour] FARINHA made from fermented manioc (MANDIOCA da PUBA).

[Farine d'eau] Farine faite de manioc fermenté (MANDIOCA da PUBA).

Farofa

[Quimbundo: Jactância] FARINHA preparada com manteiga, gordura ou, as vezes, ovos.

[Kimbundu: Swagger] FARINHA made with butter, fat or, occasionally, eggs.

[Quimbundo : Vantardise] FARINHA faite avec du beurre, du gras ou, de temps en temps, des œufs.

43

Farofa-do-casco

FARINHA-D'ÁGUA assada no casco da tartaruga após a retirada dos ovos, vísceras e carne.

FARINHA-D'ÁGUA baked in a turtle-shell, once the eggs, offal and meat have been removed.

FARINHA-D'ÁGUA cuit dans une carapace de tortue, après avoir enlevé les œufs, les viscères et la viande.

Farofeiro

Contador de histórias, mentiroso.

[*FAROFA*-monger] Story-teller, liar.

[« Farofier »] Raconteur de bobards, menteur.

Farófia

FAROFA

Femear

Agir lascivamente, como fêmea.

["To female"] Act lasciviously, like a female.

[« Femeller »] Agir lascivement, comme une femme.

Ferrado

O sujeito que se "lascou" por algum motivo.

Somebody who gets a raw deal in something.

Individu qui se sort plutôt mal d'une situation.

Flechar

Ato de catar o *PAPAGAIO* em linha reta.

[To arrow/inflect] Moving the kite up and down in a straight line.

[Flécher] Faire monter et descendre le cerf-volant en ligne droite.

Fofoca

Local de concentração de muitas dragas extraindo ouro (*cf. MANCHÃO*).

Place where many dredges are working gold (*cf. MANCHÃO*).

Lieu où se concentrent beaucoup de dragueurs pour extraire de l'or (*cf. MANCHÃO*).

Foló

Toba muito usado, gasto.

Well-used, worn-out anus.

Anus bien rodé, épuisé.

Fominha

Menino que não desgruda do *PAPAGAIO*, nem para dormir.

Boy who won't put his kite down, even to sleep.

Garçon qui ne se décolle de son cerf-volant, même pour dormir.

Fona

Pedido para ser o último a jogar no jogo de bolita de gude.

Asking to be the last to shoot in a game of marbles.

Demander de pouvoir tirer en dernier dans un jeu de billes.

Forgo

Fôlego.

Breath, wind.

Souffle.

Frescura

Trejeito, mania, coisa de mulher.

[Freshness] Cheek, all the antics that women get up to.

[Fraîcheur] Culot : les tics, trucs et manies de bonnes femmes.

Friagem

1) Queda abrupta de temperatura, motivada por frente fria vinda do sul do continente ou dos Andes, provocando a morte dos peixes nos *IGAPÓS*. 2) Frescura, sujeito cheio de nhenhenhém [do Tupi: fala, fala, fala].

[Chill] 1) Sudden drop in temperature due to a cold front coming from the south of the continent or the Andes, causing fish in the *IGAPÓS* to die. 2) Fussy person, someone who complains all the time [*nhenhenhém*, from Tupi: talk, talk, talk].

[Refroidi] 1) Baisse subite de température à cause d'un front froid venant du sud du continent ou des Andes, provocant la mort de poissons dans les *IGAPÓS*. 2) Personne tatillonne, toujours en train de se plaindre [*nhenhenhém*, du Tupi : parle, parle, parle].

Friza

[Inglês] Freezer.

[English] Deep-freeze.

[Anglais] Congélateur.

Fubica

Carro velho.

[Racket-maker] Old banger.

[Bagnole boucan] Vieux tacot.

Fuça

Rosto, cara.

Gob, face.

Gueule, visage.

Fuçar

Mexer, tirar da ordem.

To mix up, disorder.

Mélanger, mettre dans le désordre.

Fuleirage

FULERAGE

Fuleiro

FULERO

Fulerage

[Espanhol] Ordinário, vagabundo.

[Spanish] Common, coarse, vagabond.

[Espagnol] Ordinaire, vagabond.

Fulero

[Espanhol] Vulgar, sem valor.
[Spanish] Vulgar, worthless.
[Espagnol] Vulgaire, sans valeur.

Funileiro

Profissional que reaproveitava latas para transformá-las, à base de solda, em objetos utilitários. Ditado: "O maior desgosto do funileiro é ter o filho soldado".

[Funnel-maker] Professional who recycles cans into utilitarian objects with solder. Adage: the worst thing to happen to a funileiro is to have a son who can but won't.

[Fabricant d'entonnoirs] Professionnel qui recycle les boîtes et en fait de choses utiles avec de la soudure. Dicton : la pire chose qui puisse arriver à un funileiro serait d'avoir un fils qui passe son temps dans les boîtes.

Furo

Canal que liga um lago ou *IGARAPÉ* ao rio principal. Ex. *VARADOURO*.
Channel linking a lake or *IGARAPÉ* with the main river. E.g. *VARADOURO*.
Chenal qui relie un lac ou *IGARAPÉ* au fleuve principal. Par ex. *VARADOURO*.

Furreca

Coisa sem valor.
Worthless thing.
Chose sans valeur.

Furunfar

Praticar o ato sexual.
To have sex.
Exécuter l'acte sexuel.

G

Gafanhoto
Sujeito que aparece para devorar tudo que vê pela frente e depois cai fora.
[Locust] Individual who turns up somewhere, eats everything in sight, then disappears.
[Sauterelle] Individu qui se pointe, bouffe tout ce qu'il voit, puis disparaît.

Gaiato
Enxerido, metido, gracioso.
Nosey-parker, busybody, ingratiating.
Fouinard, la mouche du coche, insinuant.

Gaio
Galho, chifre (homem traído).
[Jay] Horn, cuckold's horns (betrayed man).
[Geai] Cornes, cornu du cocu (homme trahi).

Gaiudo
Homem com chifres, traído pela companheira.
Man with horns, always the last to know.
Homme cornu, trahi par sa chèvre.

Gala
Esperma (porra).
Sperm (cum).
Sperme (foutre).

Galega
Mulher ariana, branca, loira.
[Galician, i.e. foreign, woman] Aryan, white, blonde.
[Galicienne, femme étrangère] Aryenne, blanche, blonde.

Galofra

Quem nem o Maracanã: grande, feio e mal acabado.

Like Rio's Maracanã football stadium: big, ugly and badly-finished.

Comme le stade de foot Maracanã à Rio : grand, laid, et mal achevé.

Gambiarra

Ajuste, serviço improvisado.

Fraud, "self-service"…

Fraude, « emprunt… »

Garera

É o casco do barco, que depois de bravos serviços se aposenta e vai servir como canteiro suspenso para as hortaliças do *MATEIRO*.

What happens to canoes on retiring after a long and loyal service: they get converted into hanging flower-boxes for the *MATEIRO*'s vegetable garden.

Destin des pirogues qui, après de longues années de service fidèle, sont mises en retraite comme jardins suspendus hébergeant le potager du *MATEIRO*.

Garimpeiro

[Francês: Grimper, elevar-se] 1) Homen que anda á caça de ouro e pedras preciosas e semi-preciosas. 2) Explorador de preciosidades litérarias ou lingüísticas.

[French: Grimper, to climb] 1) Gold- or gem-prospector. 2) Prospector of literary or linguistic gems.

[Français : Grimper] 1) Chercheur d'or et de pierres précieuses et semi-précieuses. 2) Chercheur de trésors littéraires ou linguistiques.

Garimpo

Lugar onde se explora ouro, diamantes, esmeraldas ou pedras semi-preciosas, de maneira clandestina ou não, e onde os *GARIMPEIROS* podem morar.

Place where gold, diamonds, emeralds or semi-precious stones are prospected or placer mined, illicitly or not, where the prospectors may also live.

Endroit où de l'or, des diamants, émeraudes ou pierres semi-précieuses sont soit cherchés, soit extraits, de manière officielle ou officieuse, et où les chercheurs peuvent aussi vivre.

Garité

Canoa.

Canoe.

Pirogue.

Garrafada

Espécie de *PAJELANÇA*, feita por curandeiros em que se mistura ervas e essências medicinais com o objetivo de curar doenças e descarregar maus fluidos.

[Bottleful, contents of a bottle] Sort of faith-healer's medicine (*PAJELANÇA*) made by witch-doctors or quacks combining herbs and medicinal essences designed to cure illnesses or eliminate evil fluids.

[Contenu d'une bouteille] Sorte de médicament de guérisseur (*PAJELANÇA*) – sorcier ou charlatan – dans lequel se trouve un mélange d'herbes et d'essences médicales visant l'élimination de la maladie ou des mauvaises fluides.

Gatilho

GAMBIARRA

Gato

1) Amante, mulher fora do casamento. 2) Homem encarregado de recrutar trabalhadores rurais. 3) Ligação clandestina de energia elétrica.

[Cat] 1) Lover, woman outside of wedlock. 2) Man in charge of recruiting rural labourers. 3) Illegal plugging into the mains for free electricity.

[Chat] 1) Amante, femme non-mariée. 2) Homme responsable du recrutement d'ouvriers ruraux. 3) Branchement clandestin au secteur.

Gogo

Doença no bico da galinha.

Disease affecting a hen's beak.

Maladie du bec de la poule.

Gogó-de-sola

Temível macaco que segundo a lenda ataca à noite, na jugular das pessoas.

Terrifying monkey that – legend has it – attacks people by the jugular at night.

Singe terrifiant qui, d'après la légende, attaque la jugulaire des gens la nuit.

Goma

1) Sujeito preguiçoso, "bunda-mole". 2) A massa fina da *MANDIOCA* que serve para fazer tapioca. Quando misturada com água e levada ao fogo, cria uma espécie de papa que é usada no *TACACÁ*.

[Gum] 1) Lazy person, "lazy-bum", Oblomov. 2) Fine manioc dough used for making tapioca. When mixed with water and heated up, it creates a sort of pap used for *TACACÁ*.

[Gomme] 1) Personne paresseux, « mollasson », Oblomov. 2) Pâte fine de manioc utilisée dans la confection de tapioca. Mélangée avec de l'eau et chauffée, elle produit une sorte de bouillie utilisée pour la *TACACÁ*.

Gongo

Pequena larva (do vagalume) cujo habitat são os coqueirais e que serve de alimento para os *MATEIROS* (quando acaba a comida...).

Little larva (of the firefly) that lives in palm groves and serves as food for the *MATEIROS* (when there's no other grub...).

Petite larve (de la luciole) qui vit dans les palmeraies et sert de nourriture aux *MATEIROS* (quand viennent les vaches maigres...).

Goró

Bebida alcoólica.

Alcoholic beverage.

Boisson alcoolique.

Gororoba

Comida misturada, improvisada.

Ad hoc food mix, fry-up.

Ragoût improvisé, fortune du pot.

Grade

Engradado, caixa (de cerveja).

Crate (of beer).

Cageot, caisse (de bière).

Grozope

1) Desmaio. 2) Quebrou, esculhambou, deu grozope.

1) Faint. 2) Broken, smashed, shambles, right old mess.

1) Pâmoison. 2) Fracassé, cassé, pagaille, boxon.

Grude

[Latim: Gluten] 1) O mesmo que *GROZOPE*. 2) Espécie de cola feita a partir da goma, usada para fazer *PAPAGAIO*.

[Latin: Gluten] 1) Same as *GROZOPE*. 2) Type of glue made from gum used for making kites.

[Latin : Gluten] 1) Même que *GROZOPE*. 2) Sorte de colle de latex utilisée dans la facture de cerfs-volants.

GT

Guarda Territorial.

Territorial Guard.

Garde Territoriale.

Guapé

Vegetação que cresce na beira do rio e cobre um pedaço da margem.

Vegetation that grows along a river, concealing part of the bank.

Végétation qui pousse le long d'une rivière et couvre une partie de la rive.

Guaporeano

Habitante do Vale do Guaporé.

Inhabitant of the Guaporé valley.

Habitant de la vallée de Guaporé.

Guariba (*Alouatta spp.*)

[Tupi] Espécie de macaco.
[Tupi] Howler monkey.
[Tupi] Singe hurleur.

Guenzo

Desconjuntado, desengonçado.
Disjointed, clumsy, awkward.
Disloqué, maladroit, gauche.

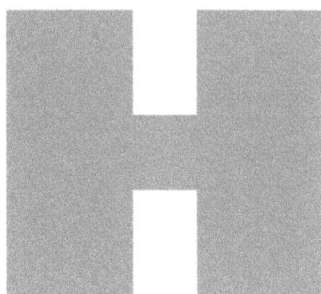

Hai

Verbo haver: há – Derivado do *hay*, espanhol.

From *haver*, to have: *há*: there is / there are – influenced from the Spanish *hay*.

Du verbe *haver*, avoir : *há* : il y a – influencé du *hay* espagnol.

Hinário

Conjunto de hinos dos membros do *SANTO-DAIME*.

Member of the *SANTO-DAIME* sect's set of hymns.

Jeu de cantiques d'un affilié du secte de *SANTO-DAIME*.

Hora H

Depois da cantada do homem na mulher, o momento do ato sexual.

[Zero hour] After the man's sweet words of verbal foreplay, the moment of truth.

[Heure H] Après le suave appel du mâle à sa douce, la partie dure.

Huasca

AYAHUASCA

Igapó

[Tupi] Água parada, quase sempre em trecho da *MATA* que foi invadido pelas enchentes.

[Tupi] Swamp, generally a part of the forest (*MATA*) flooded by high water during the rainy season.

[Tupi] Marécage, quasiment toujours une partie de la forêt (*MATA*) inondée par les crues de la saison des pluies.

Igarapé

[Tupi] Riacho que cruza a floresta.

[Tupi] Specifically Amazonian brook that meanders through the forest.

[Tupi] Ruisseau typique de l'Amazonie qui serpente à travers la forêt.

Igarité

GARITÉ

Imperador

Sorteado entre a Irmandade, dirige o vilarejo nos dias da Festa do Divino Espírito Santo com poderes imperiais.

"Emperor": chosen from the Brotherhood to rule the village with imperial powers during the Feast of the Divine Holy Spirit.

« Empereur » : choisi parmi la Fraternité pour régner sur le village avec pouvoirs impériaux pendant la Fête de l'Esprit Saint Divin.

Imperatriz

Do Divino, idem.

Empress: see above.

Impératrice : voir ci-dessus.

Impinge

Curuba, coceira.

Itch, itching, mange.

Démangeaison, gale.

Íngua

Preguiçoso, morto-vivo.

Lazy, dead-beat, finished; idler, scallywag.

Feignant, chiffe molle, épuisé ; oisif, polisson.

Inguiar

Engasgar.

To choke, gag.

Étouffer, s'étrangler.

Inhaca

Cheiro ruim, fétido – perfume importado do Japão (Inhacapura).

[BO] Nasty foetid smell – cheap Asian perfume (Hong Pong No. 5).

[Odeur corporelle] Mauvaise odeur, fétide – parfum asiatique pacotille (Chameau N° 5).

Inverno

Estação climática amazônica, que vai de novembro a abril, com muitas chuvas. *Cf. VERÃO.*

Winter: Amazonian season running from November to April: the rainy season. (NB: "standard" Brazilian winter is usually from April to October.) *Cf. VERÃO.*

Hiver : saison amazonienne qui va de novembre à avril : la saison des pluies. (Nota : au Brésil, l'été « normal » va d'avril à octobre.) *Cf. VERÃO.*

Ixe!

VIXE!

J

Jabiraca

Esposa braba, violenta e chata.

[Old or badly-sewn clothes] Shrew: grouchy, violent, pain-in-the-arse wife.

[Vielles fripes] Chiffonnière : épouse grincheuse, violente, emmerdeuse.

Jaburu (*Jabiru mycteria*)

Tuiuiú, ave de grande porte, comum nos rios e lagos.

Jabiru, large stork common on rivers and lakes.

Jabiru d'Amérique, grande cigogne commune sur les rivières et lacs avoisinants

Jacão

BOIOLA, veado, bicha, homossexual.

BOIOLA, queer, gay, homosexual.

BOIOLA, pédé, gay, homosexuel.

Jacaroa

O mesmo que *JABIRACA*, também conhecida como "lata".

Same as *JABIRACA*, also known as lata (mug, boat-race).

Même que *JABIRACA*, aussi connue comme lata (bouille, gueule).

Jacu

[Tupi] *CAIPIRA, MATUTO*. Não confundir com *JAÚ*.

[Tupi] Hillbilly, *CAIPIRA, MATUTO*. Not to be confused with *JAÚ*.

[Tupi] Cul-terreux, *CAIPIRA, MATUTO*. Ne pas confondre avec *JAÚ*.

Jambão

PAPAGAIO desajeitado que não obedece ao controle do brincante.

Unwieldy kite that won't obey the flyer's control.

Cerf-volant peu maniable qui n'obéit pas aux commandes.

Jansem

Roda, aro.

Wheel, wheel rim.

Roue, jante.

Januária

Marca de *CACHAÇA* muito apreciada na década de 70.

Brand of *CACHAÇA* much liked in the seventies.

Marque de *CACHAÇA* bien appréciée dans les années soixante-dix.

Jararaca

Mulher violenta e valente.

[Viper] Violent, gutsy woman.

[Vipère] Femme violente, qui a des couilles.

Jaru

Cidade de Rondônia. Havia uma expressão pejorativa que dizia: "Você é doido ou veio de Jaru a pé?".

Town in Rondônia. There used to be a derogatory expression that went: "Are you mad, or did you just walk in from Jaru?"

Ville rondônienne. Autrefois, il y avait une expression dérogatoire qui disait : « T'es fou, toi ? Ou t'arrives à pied de Jaru ? »

Jaú (*Pimelodidae*)

[Tupi] Um dos maiores peixes do Brasil, que pode chegar a 1,60, 2.00 m e mais de 100 kg.

[Tupi] One of Brazil's biggest fishes, reaching to 1.6 to 2.0 metres long and over 100 kilos in weight.

[Tupi] L'un des poissons les plus grand du Brésil, pouvant atteindre 1,60, 2,00 m de long et plus de 100 kg.

Jerico

Jipe adaptado com motor diesel estacionário, utilizado para transporte de carga no *MATO*.

[Donkey] Jeep, fitted with single-gear diesel engine, used for carrying cargo in the *MATO*.

[Âne] Jeep équipée de moteur diesel stationnaire pour transporter du cargaison dans le *MATO*.

Jerim

JIRIMUM

Jirimum (*Cucurbita spp.*)

[Tupi] Abóbora.

[Tupi] Pumpkin.

[Tupi] Potiron.

João Barril

Personagem folclórico de Porto Velho.

Another of Porto Velho's colorful characters.

Autre personnage folklorique de Porto Velho.

Joça
Sem valor, imprestável.
Worthless, dud.
Sans valeur, nul.

Joer
Jogos Escolares de Rondônia.
Rondônia School Games.
Jeux Scolaires de Rondônia.

Jumento
Homem com pênis avantajado.
[Male donkey] Man with sizeable penis.
[Âne] Homme au pénis avantageux.

Juntar os panos
Amigar, morar junto.
[Pool the linen] To take a mistress, to live together.
[Mettre le blanc de maison ensemble] Prendre maîtresse, vivre ensemble.

Jurum
JIRIMUM

Jururu
[Tupi: Tristonho] Entristecido.
[Tupi] Saddened.
[Tupi] Attristé.

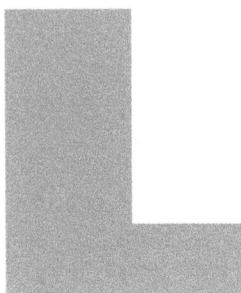

L

Lambança
1) Sujeira. 2) Serviço mal realizado.
1) Dirt, filth. 2) Shoddy service.
1) Saleté, crasse. 2) Service mal fait.

Lambuja
Extra, vantagem, bônus.
Tip, perk, bonus.
Pourboire, petit bénef, bonus.

Lamparina
Pequeno candeeiro feito de lata de cerveja ou leite em pó, com um pavio de algodão embebido em querosene.
Little lamp made from a can of beer or powdered milk, with a rag wick soaked in kerosene.
Petite lampe fabriquée dans une boîte de bière ou de lait en poudre, avec une mèche de coton imbibée de kérosène.

Lança
Braço mecânico da draga de GARIMPO.
Mechanical jib of a prospector's dredge (GARIMPO).
Flèche mécanique de la drague d'un chercheur d'or (GARIMPO).

Lanterneiro
Quem mexe com lataria de veículos.
[Lantern-man] Somebody who fixes vehicle bodywork.
[Lampiste] Carrossier.

Lapa
Pedaço grande, usado no mesmo sentido de CHAVASCA.
Big one, used in the same sense as CHAVASCA.
Beau morceau, dans le même sens que CHAVASCA.

Lapada

Gole ou dose de *CACHAÇA*.
Nip or dose of *CACHAÇA*.
Goutte ou dose de *CACHAÇA*.

Lapiseira

Caneta esferográfica.
Ball-point pen.
Stylo à bille.

Larica

Fome que dá depois de fumar um baseado.
[Hunger] The hunger felt after smoking a joint.
[Faim] Faim ressenti après avoir fumé un joint.

Lascou-se

Acontecimento prejudicial, se ferrou, ("De lascar o cano")
[To split yourself] Detrimental occurrence, got into trouble.
[Se fissurer] Évènement négatif, s'est foutu dans la merde.

Latada

Estrutura de madeira para cobrir um terreno com *PALHA*.
[Planked] Wooden framework for roofing a terrace with *PALHA* leaves.
[Latté] Structure de bois pour couvrir une terrasse de feuilles de *PALHA*.

Lateiro

LANTERNEIRO

Lavar da área

Cair fora, rapidinho...
To clear out, to vanish, sharpish...
Décamper, s'éclipser, rapidos...

Lazarento

Infeliz.
Unhappy.
Malheureux.

Lenga-lenga

1) Enrolação. 2) Indecisão.
1) Prevarication, rip-off. 2) Vague situation.
1) Faux-fuyant, escroquerie. 2) Situation pas claire.

Lesado

ALESADO

Leseira

1) Estado do *LESO*, idiotice. 2) Preguiça.
1) State of being *LESO*, imbecilic. 2) Sluggishness.
1) État *LESO*, imbécile. 2) Mollesse.

Lesma

Apático, *LESO*.
[Snail] Apathetic, *LESO*.
[Limace] Apathique, *LESO*.

Leso

Sujeito apalermado.
Dumb, gormless, imbecilic.
Bêta, con, imbécile.

Liga

Anel de borracha, usado para amarrar maço de dinheiro.
Rubber band, used to keep wads of money together.
Bracelet en caoutchouc pour entourer des liasses d'argent.

Linha

Caminho em forma de picada, que depois se transformou em estrada vicinal.
Pathway that starts off as a track in the forest and ends up as a local road.
Chemin de brousse ou de forêt qui, à l'usage, devient route vicinale.

Linha 100 jardas

[Inglês: (≈91.44 m)] Tipo de linha usada para empinar pipas e pegar peixes.
[English: Hundred yards line] Line used for flying kites and casting flies.
[Anglais : Ligne de 100 yards (≈91,44 m)] Ligne nylon utilisée pour pêcher les cerfs-volants.

Linho HJ

Linho da cor branca, importado, muito usado em décadas passadas em Porto Velho.
HJ Cloth: imported, white linen often used in Porto Velho in the past.
Lin HJ : lin blanc, importé, très communément utilisé en décennies passées à Porto Velho.

Liso

Duro, sem dinheiro.
[Smooth] Broke, with no money.
[Lisse] Fauché, sans argent.

Litorina

[Italiano] Pequeno vagonete com motor próprio, a gasolina.
[Italian] Little railway trolley with its own petrol engine.
[Italien] Petit wagonnet avec son propre moteur à essence.

Logalí

"Logo ali", perto.
Contraction of *logo* + *ali*: close (by).
Contraction de *logo* + *ali* : proche.

Lombra

1) Moleza. 2) Sono de bêbado ou drogado.
1) Indolence. 2) The sleep of a drunk or junkie.
1) Mollesse. 2) Le sommeil d'un ivre ou d'un drogué.

Lordo

LOMBRA

Lorota

Mentira.
Lie, fib.
Mensonge, bobard.

Lorto

Bunda, nádegas.
Bum, arse, buttocks.
Derrière, cul, fesses.

Lundu

[Orig. Africano] Dança antecessora do Tchan na Amazônia.
[Orig. African] Dance that arrived in the Amazon before the Tchan.
[Orig. Africain] Danse prédécesseur du Tchan en Amazonie.

M

Maçaranduba (*Manilkara spp.*)

[Tupi] Grande árvore da família dos ébanos, que produz madeira de lei de cores avermelhado até vermelho escuro.

[Tupi] Massaranduba, red balata: large tree of the ebony family producing reddish to dark-red hardwood.

[Tupi] Maçaranduba : grand arbre de la famille des ébènes fournissant des bois durs allant du rougeâtre au rouge sombre.

Macaxeira (*Manihot sp.*)

[Tupi] MANDIOCA comestível.

[Tupi] Edible manioc, sweet manioc, sweet cassava

[Tupi] Manioc comestible, manioc doux, cassave douce.

Maceta

Grande, portentoso, massaroca.

Big, wonderful, mammoth.

Grand, merveilleux, monstre.

Macuxila

Brincadeira infantil de roda em que o mais lerdo, o "macuxila" ou "macochila", paga prendas.

Child's game where the slowest – the *macuxila* or *macochila* – has to pay a forfeit.

Jeu d'enfants où le plus lent – le *macuxila* ou *macochila* – doit payer des gages.

Mãe-d'água

1) Barriga d'água, hidropsia. 2) Entidade mítica que habita os rios.

[River mother] 1) Dropsy of the abdomen. 2) Mythical figure who lives in the rivers.

[Mère rivière] 1) Anasarque du ventre. 2) Entité mythique qui habite les rivières.

Mãe-do-rio
MÃE-D'ÁGUA

Magarefe
[Árabe] Cortador de carne bovina.
[Arabic] Beef butcher.
[Arabe] Boucher bovin.

Mala
Sujeito chato, pentelho, escroto.
Annoying person, pest, pain.
Personne difficile, emmerdeur, casse-pieds.

Maleita
[Latim: Maldição] Febre, malária.
[Latin: Malediction] Fever, malaria.
[Latin : Malédiction] Fièvre, palud.

Maleta
MALA

Maloca
[Tupi: Mará-oca, casa da guerra] 1) Casa grande onde os índios habitam. 2) Antigamente se usava para chamar os "puteiros" tradicionais: Anita, etc.
[Tupi: Mará-oca, war-house] 1) Large house inhabited by Indians. 2) Term that used to be used to designate the *puteiros*, whore-houses, of the past.
[Tupi : Mará-oca, maison de guerre] 1) Grande maison habitée par des Indiens. 2) Anciennement, nom courant des *puteiros*, les bordels, de souvenir lointain.

Mancada
[Francês] Equívoco lamentável.
[French: Failed] Unfortunate gaffe.
[Français : Manqué] Erreur lamentable.

Manchão
1) O mesmo que *FOFOCA*, lugar de riqueza mineral, mas usada em *GARIMPO* de diamante. 2) O remendo utilizado nos pneus, quando a câmara está exposta.
1) Same as *FOFOCA*, place rich in minerals, but worked by diamond *GARIMPEIROS*. 2) Patch used for repairing tyres after a burst inner tube.
1) Lieu de richesse minérale, comme la *FOFOCA*, mais exploité par les *GARIMPEIROS* du diamant. 2) Rustine utilisée pour réparer un pneu quand la chambre à air s'est éclatée.

Mandioca (*Manihot sp.*)
[Tupi] Mandioca (*cf. MACAXEIRA*).
[Tupi] Bitter manioc, bitter cassava (*cf. MACAXEIRA*).
[Tupi] Manioc amer, cassave amère (*cf. MACAXEIRA*).

Mandubé (*Ageneiosus brevifilis*)

[Tupi] Peixe dos nossos rios apreciado pelos aquaristas.
[Tupi] Local fish popular with aquarium keepers.
[Tupi] Poisson régional apprécié des aquariophiles.

Manduquinha

Camburão, na antiga Porto Velho.
Old-fashioned name for the modern paddy-wagon.
Nom ancien du panier à salade.

Manel

Manuel (gente legal).
Manuel (nice person).
Manuel (personne sympa).

Mangar

Rir de algo, brincar.
To laugh at something, to deride.
Rire de quelque chose, railler.

Maniçoba (*Manihot glaziovii*)

[Tupi: Folha de MANDIOCA] Panelada feita com pedaços de porco, vísceras do boi, toucinho, linguiça, etc. A mistura é fervida durante oito dias juntamente com folhas de maniçoba, previamente maceradas num pilão. Faça seguro de vida...

[Tupi: manioc leaf] Casserole of pork, beef entrails, bacon, sausage, etc. The mixture is boiled for eight days along with leaves of the manicoba tree, previously macerated in a mortar. Make sure you have good insurance. Forget about theft, it's third-party and fire you need.

[Tupi : Feuille de manioc] Potée de porc, entrailles de bœuf, lard, saucisse, etc... La mixture est bouillie pendant huit jours avec des feuilles du manicobier, préalablement macérées dans un mortier. Assurance tous risques facultative, mais bon...

Manicuera

CAUIM

Maninho

(Maninha) – Tratamento carinhoso. "Vem cá, maninho...
Friendly term for a man or woman (*maninha*): "Come here, pal..."
Appellation amicale pour un homme ou une femme (*maninha*) : « Viens là, mon pote... »

Manipuera

CAUIM

Manjuba

Órgão sexual masculino de grandes proporções.
Well-endowed male sexual organ.
Organe sexuel masculin de grandes proportions.

64

Manso

[Latim: Domesticado] *GARIMPEIRO* já experiente no ofício.

[Latin: Domesticated] *GARIMPEIRO* with lots of experience behind him.

[Latin : Domestiqué] *GARIMPEIRO* déjà bien expérimenté.

Manteiga de tartaruga

Feita com gordura extraída dos ovos da tartaruga.

Turtle butter: made from turtle-egg fat.

Beurre de tortue : fabriqué à partir du gras des œufs de tortue.

Mão-de-quiabo

Goleiro frangueiro.

[Gumbo-mitts, chicken-keeping goalie] Dud goal-keeper.

[Pattes de gombo, gardien de poulets] Mauvais gardien de but.

Mão-pelada

Cozinheiro de trecho.

[Crab-eating racoon / Bald hand] Temporary cook.

[Raton laveur / Main chauve] Cuistot temporaire.

Mapinguari

Imaginário amazônico de uma entidade que habita a floresta com forma de um grande macaco cabeludo com um olho só na testa. Conheço um cara que já ficou mais de 15 dias atrás de um.

Legendary Amazonian creature with just one eye who lives in the forest and looks like a large hairy monkey. Close relative to the Yeti, Loch Ness Monster, Mokele Mbembe, etc.

Créature mythique amazonienne avec un seul œil qui habite la forêt et ressemble à un grand singe poilu. Comme pour le *BOIÚNA*, on y croit ferme.

Marabaixo

Dança executada em *PISEIROS* amazônicos.

Dance performed in Amazonian *PISEIROS*.

Danse exécutée dans des *PISEIROS* amazoniens.

Maraca

[Tupi] Ponta da lança da draga que suga a areia do rio para tirar ouro.

[Tupi] Tip of the dredge's jib that sucks sand up from the river to extract the gold.

[Tupi] Bout de la flèche de la drague qui aspire le sable de la rivière pour en extraire de l'or.

Maracá

Espécie de chocalho feito com latas de leite em pó utilizada durante sessão do *SANTO-DAIME*.

Rattles made from tins of powdered milk used in *SANTO-DAIME* sect ceremonies.

Faites à partir de boîtes de lait en poudre et utilisées lors des séances *SANTO-DAIME*.

Maracutaia

Tramóia, maquinação ilícita. Ação muito comum num principado chamado Neurônia, que ficava situado entre a Mesopotâmia e os Andes, pelos segundo e terceiro milénios.

Monkey-business, shenanigans, illicit machinations. Very common activity in a principality known as Neurônia, located between Mesopotamia and the Andes, during the second and third millennia.

Combines, escroqueries, machinations illicites. Occupation standard dans la principauté de Neurônia, située entre la Mésopotamie et les Andes, pendant les deuxième et troisième millénaires.

Maria Eunice

Bordel famoso de Porto Velho.

Famous brothel in Porto Velho.

Célèbre bordel de Porto Velho.

Marimbondo

VESPA

Mariri

[Nome peruano/acreano da *AYAHUASCA*] Chá feito das folhas da *chacrona* (*Psychotria viridis*) com o cipó do jagube (*Banisteriopsis caapi*) utilizado em rituais da *UNIÃO DO VEGETAL*.

[Peruvian/Acrean name for *AYAHUASCA*] Tea made from the leaves of *chacrona* (*Psychotria viridis*) and liana of the *jagube* (*Banisteriopsis caapi*) for use during the *UNIÃO DO VEGETAL* rituals.

[Nom péruvien/acreano pour l'*AYAHUASCA*] Infusion faite des feuilles du *chacrona* (*Psychotria viridis*) et des lianes du *jagube* (*Banisteriopsis caapi*) consommée lors des rituels de l'*UNIÃO DO VEGETAL*.

Marmota

[Francês] 1) Arrumação, trapaça. 2) Comportamento desconsiderado.

[French: Marmot] 1) Swindle, swindling, fraud. 2) Disrespectful behaviour.

[Français : Marmotte] 1) Escroquerie, fraude. 2) Comportement irrespectueux.

Maromba

Jirau elevado, feito com troncos ou madeira, para deixar a salvo animais domésticos, plantas e pertences dos ribeirinhos, durante as enchentes.

Raised platform of tree-trunks or wood on piles designed to keep river-people's domestic animals, plants and belongings safe during the rainy season.

Plate-forme sur pilotis en troncs d'arbre ou en bois pour protéger les animaux domestiques, plantes et biens divers des riverains pendant la saison des pluies.

Marreteiro

Vendedor ambulante.

Street vendor.

Vendeur ambulant.

Massaco

Alimento feito da mistura em pilão da banana-comprida cozida com pedaços de carne.

Pounded mishmash of plantain cooked with pieces of meat.

Méli-mélo de plantain pilé avec morceaux de viande.

Mata

MATO

Mateiro

Morador da *MATA*. Cf. *MATUTO*.

Someone who lives in the *MATA*. Cf. *MATUTO*.

Personne habitant la *MATA*. Cf. *MATUTO*.

Mato

[Latim] Selva, floresta, terreno inculto, as suas plantas, o campo por oposição da cidade, a *ROÇA*.

[Latin] Jungle, forest, uncultivated land, its vegetation, the country as opposed to the town, the *ROÇA*.

[Latin] Jungle, forêt, terrain non-cultivé, sa végétation, la campagne par rapport à la ville, la *ROÇA*.

Matreiro

[Espanhol] Cabreiro, desconfiado.

[Spanish] Mistrustful, suspicious.

[Espagnol] Méfiant, soupçonneux.

Matupá

[Tupi] Barranco dos rios com vegetação desenraizada que fica boiando conforme o nível do rio.

[Tupi] Floating grass island uprooted from the riverbank.

[Tupi] Île flottante d'herbe déracinée de la berge.

Matuto

CAIPIRA

Meiga

[Latim: Mágico] Menina fácil: "Fulana é meiga – meigalinha."

[Latin: Magic] Easy lay: "Wossername's easy – a pushover."

[Latin : Magique] Fille facile : « Machine-chouette est facile – une véritable marie-couche-toi-là ».

Meigo

[Latim: Idem] Abestalhado: "Fulano é meigo. Meigoiaba".

[Latin: Ditto] A bit thick: "Thingamajig's a bit of a dick-head"

[Latin : Idem] Un peu con : « Untel n'est pas très fut-fut… »

Meiota

Metade da garrafa de pinga.

A half-bottle of pinga.

Une demi-bouteille de pinga.

Mel

CACHAÇA, bebida alcoólica.

[Honey] CACHAÇA, alcoholic drink.

[Miel] CACHAÇA, boisson alcoolique.

Mela

Pasta base da cocaína.

Cocaine paste.

Pâte de cocaïne.

Melado

1) Cigarro queimado com MELA. 2) Sub-produto da cana de açucar.

1) Cigarette smoked with MELA. 2) By-product of cane sugar.

1) Cigarette fumée avec de la MELA. 2) Produit dérivé du sucre de canne.

Membeca (*Paspalem repens*)

[Tupi: ranho?] Espécie de grama que se desenvolve as margens dos IGARAPÉS, lagos e rios.

[Tupi: snot?] Sort of grass that grows alongside IGARAPÉS, lakes and rivers.

[Tupi : morve ?] Espèce d'herbe qui pousse au bords des IGARAPÉS, lacs et rivières.

Mescla

Cigarro de maconha com pasta base.

[Mixed] Joint with cocaine paste.

[Mélangé] Joint au pâte de cocaïne.

Mesclado

MELADO

Mingau

[Tupi] Preparado rico em carboidratos a base de arroz, milho, banana ou FARINHA de tapioca extraída da MACAXEIRA.

[Tupi] Carbohydrate-rich dish of rice, maize, and banana or tapioca meal (FARINHA) extracted from MACAXEIRA.

[Tupi] Plat fort en glucides fait avec du riz, maïs et banane ou farine de tapioca (FARINHA) extraite de la MACAXEIRA.

Miolo-de-pote

Conversa fiada.

[Insides of the pot] Incoherent prattle.

[Mie du pot] Jacasserie décousue.

Miolo-do-boi

Pessoa que movimenta a estrutura do boi, no folguedo do BOI-BUMBÁ.

[Insides of the ox] Person who moves the ox frame in performances of BOI-BUMBÁ.

[Intérieur du bœuf] Personne qui fait évoluer la structure du bœuf dans le BOI-BUMBÁ.

Miratinga

Árvore cujo ramo parece um pênis.

Tree with branches that look like a penis.

Arbre dont les branches ressemblent à un pénis.

Mixira

[Tupi: Conserva de peixe-boi] Carne da caça preparada em fogo brando, com a própria gordura do animal para conservá-la.

[Tupi: Preserved manatee] Game cooked over a slow flame, using its own fat to cure it.

[Tupi : Conserve de lamantin] Gibier rôti à feu doux, se servant de son propre gras pour saler.

Moagem

Frescura, onda.

Freshness, wave.

Fraîcheur, vague.

Moça

Menina virgem.

Virgin girl.

Fille vierge.

Moça-velha

Mulher virgem com idade avançada.

Old maid: female virgin of advanced age.

Vieille fille : femme vierge d'âge avancé.

Mocho

Gado sem chifres.

Cow, bull, etc. without horns.

Bovidé sans cornes.

Mocinha

Rapaz que de dia é Júlio César e de noite é Cleópatra. Como o Almirante Nelson: um cavalheiro para as suas damas, e uma dama para os seus cavalheiros.

Boy who's Caesar by day and Cleo by night. Like Admiral Nelson: a gentleman to his ladies and a lady to his gentlemen.

Garçon César de jour et Cléopâtre de nuit. Comme l'Amiral Nelson : un monsieur pour ses dames et une dame pour ses messieurs.

Mocorongo

Desajeitado, desengonçado.

Clumsy, awkward. Clumsy, awkward person.

Maladroit, gauche. Personne maladroite, gauche.

Mocororô

[Tupi: Fazer muito barulho com a fervura das águas] Cascalho do rio que contém partículas (fagulhas) de ouro.

[Tupi: Babbling water making lots of noise] Rock debris from a river containing particles (sparks) of gold.

[Tupi : Faire beaucoup de bruit avec l'effervescence de l'eau] Roches détritiques d'une rivière contenant des particules (étincelles) d'or.

Moquear

[Tupi: Grelhar] Processo culinário de semi-cozer a carne com fogo.

[Tupi: To grill] Method of half-cooking meat over a flame.

[Tupi : Griller] Procédé culinaire de cuire de la viande à moitié sur feu ouvert.

Morgar

[Francês: Necrotério] Dar uma cochilada após o orgasmo.

[French: Morgue] To have a nap after orgasm (French slang for which is *la petite mort*, or little death).

[Français : Morgue] Piquer une somme après l'orgasme.

Motor

[Inglês] Barco com grande capacidade de carga movido a motor diesel.

[English] Large cargo boat powered by diesel engine.

[Anglais] Grand cargo à diesel.

Muçuã (*Kinosternon scorpiodes*)

[Tupi] Pequeno quelônio que fica muito bem quando preparado com FAROFA, em pedacinhos.

[Tupi] Scorpion mud turtle: nice little beast when chopped up and cooked with FAROFA.

[Tupi] Cinosterne scorpion : petite tortue très goûteuse préparée en morceaux avec de la FAROFA.

Mucuim (*Tetranychus molestissimus, Trombicula spp.*)

1) Parasita minúsculo que se alimenta de sangue e que vive no capinzal. 2) "Gente pequena".

1) Tiny arachnid parasite that feeds on blood and lives in pastures. 2) Somebody short.

1) Minuscule parasite arachnide qui se nourrit de sang et vit dans les pâturages. 2) Petite personne.

Mucura

[Tupi] 1) Marsupial fedorento que carrega o filhote em uma bolsa frontal e que come galinha. 2) Mulher feia.

[Tupi] 1) Opossum: foul-smelling marsupial that carries its young in a pouch, and eats chickens. 2) Ugly woman.

[Tupi] 1) Opossum : marsupial malodorant qui porte ses petits dans une poche, et qui mange des poulets. 2) Femme laide.

[Quimbundo] MINGAU de milho, CHÁ-DE-BURRO.

[Kimbundu] Maize pap (MINGAU), CHÁ-DE-BURRO.

[Quimbundo] Bouillie de maïs (MINGAU), CHÁ-DE-BURRO.

Mundiça

Imundície, sujeira.

Filth, dirt.

Immondice, saleté.

Muque

Braço, força.

Muscle, strength.

Muscle, force.

Mutuca (*Tabanidae*)

[Tupi] 1) Inseto cuja picada produz coceira. 2) Espreita: "ficar na mutuca".

[Tupi] 1) Horse fly, gad fly: insect with a itchy sting. 2) Spy: "keep your eyes peeled".

[Tupi] 1) Taon : insecte dont la piqûre démange. 2) Épier, « faire le guet ».

N

Naná

[(Fala escrava) Senhor > sinhô > sinhã > nhã > nhanhã] Dormir.
[(Slave talk) Senhor > sinhô > sinhã > nhã > nhanhã] To sleep.
[(Parler d'esclaves) Senhor > sinhô > sinhã > nhã > nhanhã] Dormir.

Nelso

Nunca, nada.
Never, nothing.
Jamais, rien.

Néris

NELSO

Nimim

Em mim.
Contraction of *em* + *mim*: of me, in me, on me…
Contraction d'*em* + *mim* : de moi, en moi, sur moi…

No doze!

Beleza, ótimo, em cima.
[In the twelve, bull's eye] Great! Gradely! Ace!
[Dans le douze, dans le mille] Génial ! Super ! La classe !

No grau

NO DOZE!

Nó-cego

Sujeito enrolador, desonesto.
[Tangled knot] Rip-off merchant, swindler, dishonest person.
[Nœud difficile à défaire] Arnaqueur, personne malhonnête.

Nóia

[De paranóia] Droga.
[From paranoia] Drug.
[De paranoïa] Drogue.

Noiado

[Idem] Sujeito que consumiu droga.
[Ditto] Someone who uses drugs.
[Idem] Personne qui consomme de la drogue.

Noturno

Trem da *EFMM*.
[Nocturnal] *EFMM* train.
[Nocturne] Train du *EFMM*.

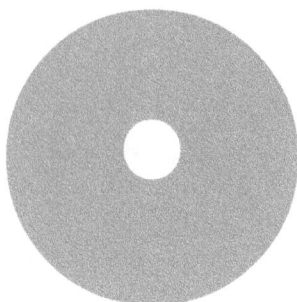

Olada
BANZEIRO

Olho grande
Superstição, sinônimo de malefício.
[Big eye] Superstition, evil eye, synonymous with witchcraft, spells.
[Grand œil] Superstition, mauvais œil, synonyme de sorcellerie, sortilège.

Osga (*Hemidactylus mabovia*)
[Poss. Árabe: Wazarga(t), lagarto] Pequena lagartixa que vive pelas paredes, e come insetos.

[Poss. Arabic: Wazarga(t), lizard] Gecko, gekko: little lizard that lives on walls, and eats insects.

[Poss. Arabe : Wazarga(t), lézard] Gecko : petit lézard qui vit sur les murs, et mange des insectes.

Ouricuri (*Syagrus coronata*)
[Tupi: *ariku'ri*] Folhas da palmeira em que os frutos servem para a defumação do látex.

[Tupi: *ariku'ri*] Leaves of the licuri palm tree whose fruit are used for curing latex.

[Tupi : *ariku'ri*] Feuilles du palmier ouricuri dont les fruits servent pour fumer le latex.

Ouro branco
Cocaína.
[White gold] Cocaine.
[Or blanc] Cocaïne.

P

Pacenha

(Paceña) Cerveja boliviana de La Paz.

(Paceña) Bolivian beer from La Paz.

(Paceña) Bière bolivienne de La Paz.

Pacu (*Metynnis spp.* & *Mylossoma spp.*)

[Tupi: Rápido no comer] Peixe que se alimenta de insetos e frutos silvestres.

[Tupi: Fast food] Fish that feeds on insects and forest fruit.

[Tupi : Rapide à manger] Poisson qui se nourrit d'insectes et de fruit sauvage / forestière.

Pai d'égua

Bacana, legal.

[Mare's father, stud-horse] Cool, neat, great.

[Père de jument, étalon] Cool, super, génial.

Paiol

[Catalão] Depósito bastante arejado, utilizado para armazenar milho.

[Catalan] Fairly well-aired silo for storing maize.

[Catalan] Silo plutôt bien aéré pour stocker le maïs.

Pajelança

[Tupi+Brasileiro: O que faz o feiticeiro] Ação do curandeiro amazônico, nas matas.

[Tupi+Brazilian: What the witch-doctor does] What faith-healers in the backwoods of Amazonia do.

[Tupi+Brazilien : Ce que fait le sorcier] Ce que font les guérisseurs au fin fond de l'Amazonie.

Palha

[Latim] Folhas das palmeiras utilisadas para fazer choupanas e abrigos.

[Latin] Palm tree leaves used for making huts and shelters.

[Latin] Feuilles de palmiers utilisées pour faire des cases et abris

Panair

Empresa aérea que servia Porto Velho.

Airline company that used to call at Porto Velho

Compagnie aérienne qui desservait Porto Velho.

Pandorga

PAPAGAIO

Pano de bunda

Roupa íntima.

[Bum rags] Underwear.

[Toile de miches] Sous-vêtements.

Papagaio

Pipa, pandorga.

Kite.

Cerf-volant.

Papagaio guisado

PAPAGAIO amassado, imprestável normalmente disputado pelas crianças após *QUEIDAR*.

[Stewed parrot] Crumpled kite, a dud that kids fight over after its line's been cut and flopped to the ground (*QUEIDAR*).

[Perroquet cuit] Cerf-volant fripé, les restes que disputent les gamins après avoir été détaché de sa ligne et avoir atterri (*QUEIDAR*).

Papagaio no treme

Por erro de alinhamento do *PEITORAL*, o *PAPAGAIO* não se mantém estável.

[Kite on the weave] Because of a badly-aligned *PEITORAL*, the kite won't stay stable.

[Cerf-volant en détresse] A cause d'un mauvais alignement du *PEITORAL*, le cerf-volant ne reste pas stable.

Papaizinho

Expressão de caráter levemente admoestador muito usada em Guajará-Mirim: "A estrada fica para o outro lado, papaizinho".

[Dad (Gramps)] A slightly admonishing type of expression much used in Guajará-Mirim: "Try driving on the right side of the road, Grandad.".

[Petit-père] Ton légèrement admonesteur souvent utilisé en Guajará-Mirim : « Hé, Pépé, la route c'est de l'autre côté ! ».

Papelote

Trouxinha de papel contendo droga.

Little paper package containing drugs.

Petit paquet en papier qui contient de la drogue.

Parada

Porção de droga.

Dose of drugs, deal.

Dose de drogue.

Paranga

PARADA

Parceleiro

Colono que ganhou ou comprou um lote de terras nos projetos do Incra.

Settler who acquired or bought a plot of land under the Incra (national institute for agrarian reform and colonisation) projects.

Colon qui a gagné ou acheté un terrain dans le cadre des projets Incra (institut national pour la colonisation et réforme agraire).

Pareceiro

Pejorativo, significa "da mesma laia", cúmplice.

Pejorative, meaning "of the same cloth", accomplice.

Péjoratif, signifie « du même type », complice.

Paredão

Jogo de peteca, em que os participantes atiram petecas em uma parede até que consigam alcançar o combinado, por exemplo, *BILHAR*;

[Walling] Game of marbles where the players shoot them at a wall until they manage to score, for example, a ricochet hit (*BILHAR*).

[Muron] Jeu de billes où les joueurs tirent dans un mur jusqu'à ce qu'ils réussissent un coup, par exemple, un coup double (*BILHAR*).

Paricazeiro

Planta leguminosa cujas folhas se fecham quando tocadas e que dá na beira dos lagos e *IGARAPÉS*.

Leguminous plant whose leaves close when touched, found by lakes and *IGARAPÉS*.

Plante légumineuse dont les feuilles se referment au toucher, et qui pousse aux bords des lacs et *IGARAPÉS*.

Pascana

Local tranquilo a beira do rio que os viajantes usam para descansar.

Peaceful place by the river where travelers stop and relax.

Lieu tranquille au bord d'une rivière où les voyageurs arrêtent pour se reposer.

Patauá (*Oenocarpus bataua*)

[Tupi] Palmeira que dá fruto semelhante ao *AÇAÍ*, rico em óleo vegetal.

[Tupi] Palm tree with fruit like the *AÇAÍ*, rich in vegetable oil.

[Tupi] Palmier au fruit semblable à l'*AÇAÍ*, riche en huile végétale.

Pau d'água

O mesmo que tromba d'água, chuva forte.

[Water cudgel] Same as cloudburst, heavy downpour.

[Trique d'eau] Trombe d'eau, grosse averse.

Pávulo

Sujeito cheio de pavulagem, vaidade, inchado como um pavão.

Blusterer, person full of swagger and vanity, proud as a peacock.

Fanfaron, personne plastronnée, vaniteuse, fier comme Artaban.

Paxiúba (*Socratea exorrhiza*)

[Tupi: Árvore dos bichos] Espécie de palmeira, cujas folhas servem para cobertura.

[Tupi: Grub tree] Palm tree whose leaves are used for roofing.

[Tupi : Arbre asticot] Palmier dont les feuilles s'utilisent pour la toiture.

Pé inchado

Beberrão contumaz.

[Swollen foot] Inveterate drunkard.

[Pied gonflé] Ivrogne invétéré.

Peba

Sujeito desengonçado.

Clumsy, awkward person.

Personne maladroite, gauche.

Peba!

Gozação com o *PAPAGAIO* que queida.

Jeer of delight when a kite is "sawn" (*QUEIDAR*).

Huée jubilatoire quand un cerf-volant est « scié » (*QUEIDAR*).

Pé-de-moleque

Massa feita com *FARINHA* de *MANDIOCA* da *PUBA*, temperada e assada, que se come como pão.

[Rascal's foot] Fermented manioc paste (*MANDIOCA* da *PUBA*), seasoned and baked, and eaten like bread.

[Pied de polisson] Pâte de manioc fermenté (*MANDIOCA* da *PUBA*), assaisonnée, cuite et mangée comme du pain.

Pé-de-pano

Homem que tem relações com mulheres casadas (Ricardão).

[Cloth foot] Man who has affairs with married women.

[Pied de torchon] Homme qui consomme chez les femmes mariées.

Pega, moleque!

Interjeição no sentido de "Pega, otário!".

[Grab this, rascal] Interjection along the lines of: "Cop hold of that, Sunshine!" [lit.: Take this, sea lion!].

[Prends, polisson] Interjection de l'ordre de « Attrape-moi ça, Coco ! » [lit. : « Prends, otarie ! »].

Pegar

No sentido de "caber": "O tanque do meu carro pega 40 litros".

"Takes" in the sense of "contains": "My petrol tank holds 40 litres").

« Prend » dans le sens « contient » : « Le réservoir de ma voiture tient 40 litres ».

Peidô-na-farofa

1) Perdeu (no fliperama para a máquina). 2) Bateu em retirada.
1) [I farted in the *FAROFA*.] Lost (on the pinball). 2) Retreated.
1) [J'ai pété dans la *FAROFA*.] Perdu (au flipper). 2) S'est battu en retraite.

Peitoral

Chama-se a linha que é amarrada no centro do *PAPAGAIO*, em sua tala do meio.
Pectoral, name of the line attached to the bamboo at the centre of the kite.
Pectoral, nom de la ligne attachée à l'ossature en bambou centrale du cerf-volant.

Peixe-lenha

Seria uma variedade do surubim ? Eu nunca vi. Pega fogo?
[Firewood fish] Perhaps a sort of surubí? Never seen one myself. Burn well?
[Poisson bois de chauffage] Peut-être une variété de surubim. Jamais vu. Ça prend bien ?

Pela

[Latim] Bola de borracha que o *SERINGUEIRO* defuma, enquanto vai girando e derramando o látex. A pela é enrolada sobre uma vara de pau chamada cavador. O processo inicia com um tarugo de goma coagulada que ajuda o látex a grudar mais facilmente.
[Latin] Ball of rubber that the tapper (*SERINGUEIRO*) cures by stirring the latex. The *pela* is rolled onto a wooden pin known as the *cavador*. The process is started with a *tarugo* (stick coated in?) of congealed gum that makes the latex stick together more easily.
[Latin] Boule de caoutchouc que le *SERINGUEIRO* cuit en le tournant et roulant autour d'un bâton de bois au nom de cavador. Le processus démarre avec un *tarugo* (strictement, une cheville de bois enrobée de) de gomme coagulée qui facilite la prise du latex.

Pelajegue

Simpática cidade de Pres. Médici (pejorativo).
[Arse peeler] (Pejorative term for) The nice little town of Presidente Médici.
[Arrache-fesses] (Terme péjoratif pour) La ville sympa de Presidente Médici.

Pele-curta

1) Membro de corrente política oposicionista liderada por Renato Medeiros. 2) Com pouca roupa, descamisado, pobre.
1) Member of the political opposition movement led by Renato Medeiros. 2) Having few clothes, ragamuffin, poor.
1) Membre du mouvement d'opposition politique animé par Renato Medeiros. 2) Ayant peu de vêtements, va-nu-pieds, pauvre.

Peleja

Luta, batalha.
Fight, battle.
Lutte, bataille.

Pereba

[Tupi] 1) Ferida. 2) Irritação que dá no pé. 3) Já curuba…
[Tupi] 1) Wound. 2) Irritation of the foot. 3) Itching again…
[Tupi] 1) Blessure. 2) Irritation du pied. 3) Démangeaison encore…

Perereca

[Tupi: Juí-perereca, rã que vai aos saltos] Órgão sexual feminino.
[Tupi: Juí-perereca, frog that goes by jumps] Female sexual organ.
[Tupi : Juí-perereca, grenouille qui va par sauts] Organe sexuel féminin.

Pernada

Caminhada.
[Legful] A walk, stroll.
[Jambée] Une marche, petite promenade.

Peru

1) Órgão sexual masculino. 2) Brincadeira com bola, onde um fica sobrando, tentando tocar na bola. Se tocar, aquele que chutou por último passa a ser o peru.
[Turkey] 1) Penis. 2) Piggy in the middle: ball game where one player stays in the middle till he manages to catch the ball, when the last thrower becomes the piggy in his place.
[Dindon] 1) Pénis. 2) Ballon prisonnier : jeu de ballon où l'un des joueurs reste au milieu jusqu'à ce qu'il réussisse à attraper la balle, et se fait remplacer par celui qui a tiré la balle.

Peteca

[Tupi: Bater] Bola de gude.
[Tupi: To hit] Marble.
[Tupi : Frapper] Bille.

Piá

Pagamento: "Este serviço vai 'piá'?"
Payment: "Get paid for this, do I?"
Paiement : « 'Y a de la thune pour c'taf ? »

Picape

[Inglês] Pick-up, caminhonete.
[English: Pick-up] Pick-up truck.
[Anglais : Pick-up] Camionnette.

Picote (*Numida meleagris*)

Galinha d'angola.
Guinea fowl.
Pintade.

Pimba

Pênis de criança.
Little boy's penis.
Pénis d'enfant.

Pimbada

Ato sexual.
The act of sex.
L'acte sexuel.

Pinga

CACHAÇA

Pingado

Café com leite.
[Droplet] White coffee.
[Goutte] Café au lait.

Pinhada

Apinhada.
Packed together.
Serrés ensemble.

Pinta

1) Pênis infantil. 2) Elegância…
1) Child's penis. 2) Elegance…
1) Pénis d'enfant. 2) Élégance…

Pintinha

Pênis de criança.
Willie.
Quéquette.

Pipa

PAPAGAIO

Pipira

Chato que dá no saco do chato.
Crablouse from hell.
Le morpion des morpions.

Pipoco

[Tupi: Pele que estala] Estouro.
[Tupi: Skin that bursts] A pop, noise of something bursting.
[Tupi : Peau qui pète] Pan ! Bruit de quelque chose qui éclate.

Pipocou

Desistiu.
Desisted, renounced.
Désista, renonça.

Piracatinga (*e.g. Luciopimelodus pati*)

[Tupi: Peixe mau cheiro] Peixe que fede mais que cachorro molhado.
[Tupi: Bad-smell fish] Patí: a fish that stinks worse than a wet dog.
[Tupi : Poisson mauvaise odeur] Patí : poisson qui pue pire qu'un clebs mouillé.

Piracema

[Tupi: *Pirá*: peixe + *sema*: sair, nascer] Época de desova dos peixes que sobem o rio, procurando o local ideal.

[Tupi: *Pirá*: fish + *sema*: to leave, be born] Spawning-time when the fish swim upstream looking for the right place.

[Tupi : *Pirá* : poisson + *sema* : sortir, naître] Époque où les poissons remontent la rivière à la recherche d'une frayère.

Piraíba (*Brachyplatistoma filamentosum*)

[Tupi: Peixe que nãu presta] Um dos maiores peixes amazônicos; voraz, que engole pessoas. Sua carne é saborosa, mas ninguém quer. Entretanto, os afamados médicos americanos que trabalharam na Estrada de Ferro Madeira-Mamoré (*EFMM*) a elegiam, em detrimento de qualquer outra, para a alimentação dos doentes, pela sua riqueza em proteínas. Durma-se com um barulho destes!

[Tupi: Good-for-nothing fish] Voracious, this is one of the largest Amazonian fishes, and is said to swallow humans whole. Its meat is tasty enough, but no-one wants it. Still, lacking anything else, the illustrious American doctors working on the Madeira-Mamoré Railway (*EFMM*) chose it as food for their patients due to its high protein content. That should have made for a quiet night's sleep!

[Tupi : Poisson bon à rien] L'un des poissons les plus grands de l'Amazonie. Vorace, il engloutirait des gens entiers. Bien que de viande savoureuse, personne n'en veut. Néanmoins, les célèbres médecins qui travaillèrent sur le Chemin de Fer Madeira-Mamoré (*EFMM*) l'ont élu pour son taux protéinique élevé. Pas exactement la bonne recette pour une nuit tranquille !

Piramutaba

[Tupi: Peixe alguma coisa] 1) Indivíduo que fede. 2) Outro peixe de merda.

[Tupi: Something-or-other fish] 1) Person who stinks. 2) Another bloody fish.

[Tupi : Poisson quelque chose] 1) Individu qui pue. 2) Encore un sale poisson.

Piranha (*Serrasalmus spp.*, *Pygocentrus spp.*, *Pygopristis spp.*, etc.)

[Tupi: Peixe dente] Qualquer das 15 espécies de peixe de água doce que ataca e destroi tudo o que é vivo pela frente. Faz sentido.

[Tupi: Tooth fish] Piranha: any of the 15 species of freshwater fish that attacks and eats anything in sight. Hurts.

[Tupi : Poisson dents] Piranha : l'une des 15 espèces de poisson d'eau douce qui attaque et dévore tout sur son chemin. Ça fait mal.

Pirapitinga

[Tupi: Peixe de casca branca] Peixe amazônico, de tamanho regular.

[Tupi: White-skinned fish] Standard-issue Amazonian fish.

[Tupi : Poisson à peau blanche] Poiscaille amazonienne taille standard.

Pirarara (*Phractocephalus hemiliopterus*)

[Tupi: Peixe arara] Peixe com couro escuro e faixas amareladas. Se diz que os nativos dão a sua gordura às araras para mudarem a cor das penas.

[Tupi: Macaw fish] Dark-skinned fish with yellowy stripes. Natives are said to use its fat to change the color of macaws' feathers.

[Tupi : Poisson ara] Poisson à la peau sombre aux faisceaux jaunâtres. Les indigènes utiliseraient la graisse pour changer la couleur des plumes d'aras.

Pirarucu (*Arapaima gigas*)

[Tupi: Peixe tintura, almagre] O bacalhau amazônico. Peixe grande, de escamas, cuja língua serve de lixa.

[Tupi: Red ochre dye fish] Amazonian cod. Large, scaly fish whose tongue is used as a file or sand-paper.

[Tupi : Poisson teinture rouge ocre] Cabillaud amazonien. Grand poisson aux écailles et dont la langue sert de lime, émeri.

Pirarucu de casaca

Prato regional decorado a rigor, feito com *FARINHA* e banana.

Jacketed *PIRARUCU*, a highly-decorative regional dish, made with *FARINHA* and banana.

PIRARUCU en robe des rivières, plat régional hautement décoratif, fait avec de la *FARINHA* et de la banane.

Pirento

[Tupi] Com pira, coceira, ziquizira, etc.

[Tupi] Having scabies, itchy, affection of some sort.

[Tupi] Ayant la gale, démangeaison, infestation quelqonque.

Piriquita

[Espanhol] Priquito, vagina, órgão sexual feminino.

[Spanish: Parakeet] "Pussy", vulva, vagina, female sexual organ

[Espagnol : Perroquet] « Chatte », vulve, vagin, sexe féminin.

Piroca

Pênis.

[Bald] Joy stick.

[Chauve] Vélo de dames.

Pisa

[SM] Surra (Peia).

[S&M] Thrashing, spanking (whip, leather strap).

[S/M] Rossée, fessée, (fouet, lanière de cuir)

Piseiro

Festa animada com música, consumo de bebidas, mulheres e alegria – muita alegria!

Lively party with wine, women and song – great fun!

Fête animée avec de la musique, à boire, des femmes et beaucoup de joie – très sympa !

Pitaco

Intromissão, sugestão sem permissão.

Intrusion, unasked-for suggestion.

Intrusion, suggestion non sollicitée.

Pitiú

[Tupi] Cheiro forte, geralmente de peixe, e muito ruim.

[Tupi] Strong smell, generally from fish, and very unpleasant.

[Tupi] Odeur forte, généralement des poissons, et très mauvaise.

Pium (*Simuliidae*)

[Tupi: O que come a pele] Mosquito pequeno, que se alimenta de sangue, característico do VERÃO, em local pouco habitado, com MATO. Ex. Borrachudo.

[Tupi: That which eats the skin] Various species of tiny blood-sucking gnat or fly, common in the summer in poorly-inhabited places such as the MATO. E.g. *Borrachudo*, aka black fly.

[Tupi : Ce qui mange la peau] Différentes espèces de moucheron d'été qui se nourrissent du sang et se trouvent partout dans le MATO. Par ex. *Borrachudo*, dont les cousins africains s'appellent « moutmout ».

Podela

Cocaína.

Cocaine.

Cocaïne.

Pôdi

Podre.

Rotten.

Pourri.

Poita

Âncora de pedra, usada nas balsas do GARIMPO.

Stone anchor used on gold dredges (GARIMPO).

Ancre en pierre utilisée sur les dragues de chercheurs d'or (GARIMPO).

Polaco

[Polonês] Galego (GALEGA).

[Pole] Galician (GALEGA), any foreigner.

[Polonais] Galicien (GALEGA), n'importe quel étranger.

Poleiro

Aqui também é onde as galinhas dormem.

Chicken roost.

Poulailler.

Pomba

Pênis.

[Dove, pigeon] Not again.

[Colombe, pigeon] Ils sont obsédés, les mecs.

Poronga

[Quéchua] Lamparina encaixada na cabeça do *SERINGUEIRO*, para "alumiar" o caminho, com uma proteção contra o vento.

[Quechua] Little oil lamp (*lamparina*) in a box protected against the wind worn on the rubber-tapper's (*SERINGUEIRO*) head to light the way.

[Quéchua] Petite lampe à pétrole (*lamparina*) porté dans une boîte, protégée contre le vent, sur la tête du *SERINGUEIRO* afin d'illuminer le chemin.

Porreta

Legal, supimpa. Por exemplo, Percival Farqhuar era um sujeito porreta. Figura de proa, verdadeiro criador de Porto Velho, milionário, magnata de estradas de ferro, faliu e acabou empregado de suas empresas. Morreu após autorizar uma operação no cérebro, em 1953. Sujeito porreta!

Great person. Terrific person. For example, Percival Farquhar was a real *porreta*. Leader of men, railway tycoon and genuine founder of Porto Velho, he was a millionaire who went bankrupt and ended up employed by one of his own companies. Died after brain surgery in 1953. An amazing character.

Personne super, géniale. Percival Farhquar, par exemple, créateur de la ville de Porto Velho, était un véritable *porreta*. Figure de proue, milliardaire, magnat ferroviaire, il fit faillite et finit ses jours employé de ses propres sociétés. Mourut en 1953 suite à une intervention chirurgicale cérébrale. Personnage génial.

Porto

Local onde se lava roupa nos *IGARAPÉS*.

Place to do your washing in the *IGARAPÉS*.

Lieu où on lave le linge dans les *IGARAPÉS*.

Pote

[Poss. Inglês] Objeto feito de barro que serve para armazenar água. É maior que a bilha.

[Poss. English] Receptacle made of clay for storing water. This one's bigger than a *bilha* (pitcher).

[Poss. Anglais] Objet d'argile pour stocker de l'eau. Version plus grande de la *bilha* (cruche).

Prá-ti-vai

Prá-ti-já, prá-ti-leva, prá-ti-serve. É tudo a mesma coisa.

Prick, dick, stick, wick, and many more as well.

Bitte, bite, chibre. Et ainsi de suite…

Prego

Deu prego, quebrou…

[Nail] To break down.

[Clou] Tomber en panne.

Preguento

Pegajoso, grudento

Sticky, grubby, grimy.

Poisseux.

Prenha

Grávida, gestante.
Pregnant.
Enceinte.

Presepada

Complicação, arrumação, confusão.
[Penned animals] Complication, dodgy dealing, mess, fight.
[Animaux clôturés] Complication, arnaque, bordel, baston.

Prexeca

Priquita, xereca, perseguida, crica... Vou no banheiro e já volto.
(Assinado : O digitador).
Beaver, cunt, quim, snitch... (Sorry, Mr Bertagna had to slip off for
some kleenex there, we apologise for the delay. Normal service will be
resumed as soon as possible).
Chatte, con, foufoune, moule...

Priquito

PIRIQUITA

Professor

Professooooooooooor!
Air Hair Lair dear Professor...
Môssieu le Professeeuur.

Proncha

Bebida alcoólica.
Alcoholic drink.
Boisson alcoolique.

Provocar

Vomitar.
To vomit.
Vomir.

Puba

[Tupi: Mole, fermentado] Processo de retirada da massa da *MANDIOCA*
(coloca-se na água até amolecer).
[Tupi: Soft, fermented] Way of making manioc dough (putting in water
till it softens).
[Tupi : Mou, fermenté] Manière d'obtenir de la pâte de manioc (le mettre
dans de l'eau jusqu'à ce qu'il se ramollit.

Pupunha (*Bactris gasipaes*)

[Tupi] Fruta regional.
[Tupi] Palm chestnut, fruit of the peach palm.
[Tupi] Pupunha, châtaigne du palmier pupunha, fruit régional.

Puraquê (*Electrophorus electricus*)

[Tupi: O que entorpece] Também conhecido como peixe-elétrico.
[Tupi: That which renders torpid] Electric eel (actually a fish).
[Tupi : Celui qui rend torpide] Anguille électrique, gymnote (en fait, un
poisson).

Puta na quaresma

Duro, liso, sem grana.

[Like a whore during lent] Broke, skint, without any dough.

[Comme une pute pendant le carême] Fauché, à sec, rien dans la poche.

Putirum

Mutirão, ajuda, auxílio.

Inter- and intra-community help.

Aide et assistance inter-collectivité et intra-communale et vice-versa.

Q

Quagi

Quase.

Almost.

Quasi.

Quati (*Nasua nasua*)

[Tupi: Nariz pontudo] Mamífero carnívoro. O prof. Abnael me contou que entre outras crendices "usa-se um pênis de quati pendurado no pescoço para garantir a potência sexual." Se a moda pega, pobres quatis…

[Tupi: Pointed nose] Coati, carnivorous mammal. According to Prof Abnael, one popular belief among many is that "hanging a coati penis around the neck will ensure sexual potency". Not for the coati it don't.

[Tupi : Nez pointu] Coati, mammifère carnivore. M. le Prof Abnael indique que parmi d'autres croyances populaires, il y a : « pendre un pénis de coati autour du cou augmente le pouvoir sexuel ». Et pendre un pénis humain autour du cou d'un coati lui ferait pareil, peut-être ?

Quebranto

Mau-olhado, de admiração ou inveja.

[Crashed] Bewitched by the evil eye, out of admiration or envy.

[Fracassé] Ensorcelé par le mauvais œil, soit d'admiration, soit d'envie.

Quêde

Cadê ?

Porto Velho variant of popular expression, cadê ?, "what happened to?…", "where is?…"

Variante vetiporte de l'expression populaire, cadê ? : « qu'est-ce qu'il s'est passé à ?… », « ou'c'qu'il est ?… »

Queidar

Ato de derrubada do *PAPAGAIO*, por linha com *CEROL*.
Making a kite fall using a line with *CEROL*.
Faire tomber un cerf-volant par le biais d'une ligne au *CEROL*.

Quenga

[Quimbundo] 1) Vadia. 2) Prostituta. 3) Vagabunda.
[Kimbundu] 1) Licentious lady. 2) Prostitute. 3) Tramp.
[Quimbundo] 1) Femme légère. 2) Prostituée. 3) Cloche.

Quengo

[Quimbundo] 1) Vadio, desqualificado. 2) Inteligência, esperteza.
[Kimbundu] 1) Vagrant, worthless. 2) Intelligence, expertise.
[Quimbundo] 1) Vagabond, vaurien. 2) Intelligence, expertise.

Quiçaça

[Quimbundo] *CAPOEIRA*, capim, *MATO*.
[Kimbundu] *CAPOEIRA*, long grass, *MATO*.
[Quimbundo] *CAPOEIRA*, herbes hautes, *MATO*.

Qüiproquó

[Latim: Isto por aquilo] Confusão, briga, discussão.
[Latin: This for that] Confusion, fight, quarrel.
[Latin : Celui-ci pour celui-là] Confusion, bagarre, dispute.

R

Rabeta

Motorzinho de popa, de pouca potência e fácil manuseio utilizado pelos ribeirinhos.

Small and easy-to-handle, low-power outboard motor used on canoes.

Petit hors-bord à faible puissance mais maniable utilisé par les riverains.

Rabiando

Quando o *PAPAGAIO* perde a *RABIOLA* e desce descontrolado, girando.

When the kite loses its tail (*RABIOLA*) and spirals down out of control.

Quand le cerf-volant perd sa queue (*RABIOLA*) et descend, hors de contrôle, en tire-bouchon.

Rabiola

Linha com tiras de papel, plástico ou pano que serve para dar estabilidade no *PAPAGAIO*.

[Little tail] Line with strips of paper, plastic or cloth used to stabilise the kite.

[Petite queue] Fil avec des bandelettes de papier, plastique ou tissu, donnant de la stabilité au cerf-volant.

Rabo-de-arraia

Cavalo-de-pau em veículo (automóvel, bicicleta, etc).

[Tail of a kite/ray] Handbrake turn (car, bike, etc.)

[Queue de cerf-volant / raie] demi-tour au frein à main (voiture, vélo, etc...)

Rabo-de-galo

Tradução ao pé da letra do "cocktail": mistura de *CACHAÇA* e Cinzano (vermute).

Literal translation of "cocktail": mixture of *CACHAÇA* and Cinzano (vermouth).

Traduction littérale de l'anglais "cocktail" (queue de coq) : mélange de *CACHAÇA* et Cinzano (vermouth).

Rachada

Vagina grande.
[The split] Large vagina.
[La fendue] Grand vagin.

Rachado

Divisão fifty-fifty – 50% / 50%.
Fifty-fifty split.
Division feefty-feefty.

Rachid

Divisão, partilha.
Division, share.
Division, partage.

Rádio Cipó

Nome popular do antigo Serviço de Alto Falante do Rio Madeira.
[Radio liana] Popular name of the old loud-speaker service in Rio Madeira.
[Radio liane] Nom populaire du vieux service de haut-parleur au Rio Madeira.

Raimunda

Feia cara, mas boa de bunda...
Nice body, shame about the face.
Belle de loin, mais loin d'être belle.

Rala-rola

RASPADINHA

Rapariga

Prostituta nova, meretrícia.
New prostitute, sitter.
Prostituée nouvelle, gigolette.

Rasga-mortalha (*Gallinago paraguaiae* & *Tyto alba tuidara*)

1) Ave de mau agouro. Diz a lenda que quando passa perto de alguma casa produzindo seu ruído característico de alguma coisa rasgando, alguém daquela casa morre. 2) Também o inocentíssimo narceja (*G.p.*), ou o talvez censurável suindara, aliás coruja-católica (*T.a.t.*).

1) [Shroud ripper] Bird of ill omen. Legend has it that when it flies near a house calling in its characteristic ripping-sounding cry, then somebody in that house, they gonna die. 2) It also happens to be the perfectly innocent South American snipe (*G.p.*) or the possibly culpable barn owl, a.k.a. catholic crow (*T.a.t.*).

1) [Déchireur de linceul] Oiseau de mauvais augure. Selon la légende, s'il vole auprès d'une maison en poussant son cri caractéristique d'un linceul qui se déchire (et tout le monde reconnaîtrait ce son), quelqu'un dans la maison va mourir. 2) C'est aussi la douce et mignonne bécassine de Magellan (*G.p.*) ou, éventuellement, la mal famée effraie des clochers ou chat-huant, alias le corbeau catholique (*T.a.t.*).

Rasga-velha

Homem que tem predileção por senhoras de idade.

[Wrinkly ripper] Man with a predilection for elderly ladies.

[Arrache-vioques] Homme ayant une prédilection pour des femmes âgées.

Raspadinha

1) Mistura de gelo raspado com xarope para refresco. 2) Sorteio em que a pessoa raspa, raspa…

[Candy/Rasp] 1) Italian ice: a drink made from a mixture of crushed ice and syrup. 2) Scratch-and-win lottery card.

[Confiserie/Râpe] 1) Glace italienne : boisson faite avec de la glace pilée et du sirop. 2) Loto, style carte à gratter.

Rato

Conhecedor viciado em algum tipo de jogo.

[Rat] Connoisseur addicted to any sort of game.

[Rat] Connaisseur accro à n'importe quel type de jeu.

Rebite

Comprimido "ligante", excitante que faz perder o sono.

"Turn-on" tablet, a stimulant that keeps you awake.

Comprimé « allumant », excitant qui empêche de dormir.

Rebojo

Movimento das águas no rio, redemoinho.

Movement in the river, eddy, whirlpool.

Mouvement dans une rivière, remous, tourbillon.

Regatão

Espécie de camelô fluvial.

[Peddler] "Flobile grocer", sort of river corner-shop, either the person or the boat which travels round isolated communities selling staples ranging from CACHAÇA and tobacca to soap, rope, beans and batteries, often by barter for salted fish.

[Colporteur] « Troqueur flottant », espèce d'épicerie du coin de la rivière, soit la personne, soit l'embarcation, qui vogue d'une communauté isolée à l'autre en vendant des éléments de base, tels tabac et CACHAÇA jusqu'aux piles et pelles, haricots et haribos, souvent en troc contre du poisson salé.

Reinar

Fazer carinhos apertados, efusivos, em crianças.

Give children lots of hugs and cuddles.

Faire beaucoup de gros câlins aux enfants.

Réla-bucho

Forró, baile.

[Belly-stroll] Village dance, local hop.

[Promenade du ventre] Bal populaire, danse.

Relar

Tocar levemente. *TRISCAR.*
Touch lightly. *TRISCAR.*
Toucher légèrement. *TRISCAR.*

Remanso

Pedaço do rio em que a topografia provoca um refluxo fluvial, diminuindo a correnteza.
Part of the river where the topography causes a backflow, decreasing the current.
Endroit dans la rivière où la topographie engendre un reflux, diminuant le courant.

Remeiro

Devoto do Divino Espírito Santo que paga uma promessa, remando durante 45 dias pelo Vale do Guaporé.
[Paddler] Devotee of the Divine Holy Spirit who pays a promise by paddling for 45 days in the Guaporé valley.
[Pagayeur] Adepte de l'Esprit Saint Divin qui paie une promesse en pagayant 45 jours durant dans la vallée de Guaporé.

Remoso

Alimento, geralmente peixe ou carne, que provoca inflamação dos tecidos.
Food, generally fish or meat, that causes inflammation of the tissues.
Aliment, généralement poisson ou viande, provoquant une inflammation tissulaire.

Repiquete

No período em que o rio está baixando, um súbito aumento no nível das águas.
A sudden increase in water level while the river is going down.
Pendant la saison de décrue, une remontée subite du niveau d'eau.

República de Rolim de Moura

O governo estadual na gestão V. Raupp.
State government under the V. Raupp administration.
Gouvernement d'État sous l'administration V. Raupp.

República do Caiari

O governo estadual na gestão O. Piana.
State government under the O. Piana administration.
Gouvernement d'État sous l'administration O. Piana.

Restinga

Faixa de *MATO* às margens de rio ou *IGARAPÉ.*
Strip of *MATO* (brush) alongside rivers or *IGARAPÉS.*
Bande de *MATO* (terrain broussailleux) le long des rivières ou *IGARAPÉS.*

Ritroce

Retorce.
Twist, turn, wriggle.
Tourne, serpente, tortille.

Roça

[Latim] Terreno de pequena lavoura para *MANDIOCA*, milho, feijão, etc.

[Latin] Small clearing where staples are grown: manioc, maize, beans, etc.

[Latin] Petit terrain où sont cultivées les cultures de base : manioc, maïs, fèves, etc...

Roçada

Terreno onde se *ROÇA MATA* para plantação e criação dos gêneros.

Land scythed and cleared for small-scale growing of staples.

Terrain défriché pour la petite agriculture de base.

Roceiro

Homen que *ROÇA*, que planta *ROÇADAS*.

Man who clears and farms *ROÇADAS*.

Homme qui déblaie et cultive les *ROÇADAS*.

Roer o cupim

Tirar o cabaço, desvirginar.

[Bite the termite] pop the cherry, deflower.

[Mordre le termite] manger le morceau, faire perdre sa rondelle, déflorer.

Rola

Pênis.

Plonker.

Bitte.

Ronceiro

Sujeito mole, preguiçoso.

Sluggish, lazy person.

Personne apathique, mollasse.

Rondonha

Rondônia.

Alternative spelling of Rondônia.

Orthographe alternatif de Rondônia.

Rosca

Ânus, toba (queimador de rosca – homossexual masculino).

Anus, poop chute (butt burner – male homosexual).

Anus, œil de Gabès (chauffe-troufignon – homosexuel masculin).

Roskilder

Personagem folclórico da antiga Porto Velho.

One of Porto Velho's colorful characters of the past.

Personnage folklorique du vieux Porto Velho.

Rouba-bandeira

Brincadeira infantil em que dois grupos disputam uma bandeira (ou objeto).

[Flag-robber] Child's game where two groups fight for a flag (or something else).

[Voleur de drapeau] Jeu d'enfants où deux groupes disputent un drapeau (ou autre chose).

Rua da Palha

Rua tradicional da Porto Velho antiga onde se concentravam os bares, hotéis e cinemas no início do século XX. A rua do lazer. Hoje Natanael de Albuquerque.

[Straw Street] Traditional street of old Porto Velho where all the bars, hotels and cinemas were at the start of the 20th century. The entertainment street. Now Natanael de Albuquerque.

[Rue de la Paille] Rue traditionnelle du vieux Porto Velho où se trouvaient bars, hôtels et cinémas au début du XXème siècle. La rue du loisir. Aujourd'hui Natanael de Albuquerque.

Rudela

Rodela, coisa sem valor.

Trifle, something of no value.

Broutille, truc sans valeur.

Rudilha

Pano velho, também usado como suporte na cabeça ao carregar alguma coisa. Ditado: "Quem não pode com o pote, não pega na rudilha".

Old cloth, or one put on the head for when carrying things. Proverb: if you can't carry the can, don't carry the rag (if you don't like the heat, get out of the kitchen).

Vieux chiffon, ou chiffon mis sur la tête quand on porte quelque chose. Proverbe : ne prends pas le chiffon si tu ne peux pas prendre la cruche (si tu crains la vérole, ne vas pas au bordel).

S

Safo

Sujeito esperto, pessoa desembaraçada.

An expert, someone clever and uninhibited.

Un expert, quelqu'un vif et sans complexes.

Saideira

A última, expulsadeira, pé-na-bunda, etc.

The last one, last drink, one for the road (kick-in-the-arse).

La dernière, le dernier verre, le coup de l'étrier (coup de pied dans le cul).

Saltenha

Salgado boliviano feito com batata cozida, azeitona e frango.

Savoury Bolivian snack made with cooked potatoes, olives and chicken.

Petit casse-croûte bolivien fait avec des patates cuites, des olives et du poulet.

Sambada

[Quimbundo] Mulher muito experiente.

[Kimbundu] Very experienced woman.

[Quimbundo] Femme très expérimentée.

Sambado

[Quimbundo] Objeto já com muito uso.

[Kimbundu] Something that's seen a lot of use.

[Quimbundo] Objet qui a vu du service.

Santo-Daime

1) Nome brasileiro da bebida "enteógena" *AYAHUASCA*. 2) Nome dos grupos que consomem *AYAHUASCA* nos rituais para atingir estados místicos. *Cf. MARIRI.*

1) Brazilian name for the "entheogenic" drink *AYAHUASCA*. 2) Name of the groups who use *AYAHUASCA* in their rituals to reach mystical states. *Cf. MARIRI.*

1) Nom brésilien pour la boisson « enthéogène » *AYAHUASCA*. 2) Nom des groupes qui consomment de l'*AYAHUASCA* pendant leurs rituels afin d'atteindre des états mystiques. *Cf. MARIRI.*

Sapo

[Latim] 1) Pessoa que gosta de frequentar festas sem convite. 2) Órgão sexual feminino. Cf. *BURRA CEGA*.

[Latin: Toad] 1) Gate-crasher: someone who likes going to parties uninvited. 2) Female sexual organ. Cf. *BURRA CEGA*.

[Latin : Crapaud] 1) Quelqu'un qui aime fréquenter les fêtes sans y être invité. 2) Sexe féminin. Cf. *BURRA CEGA*.

Sapo cururu

[Pleonasmo: Tupi: *cururu* = sapo] Pessoa feia. Se for o caso, não ofenda o batráquio.

[Pleonasm: Tupi: *cururu* = toad] Ugly person. No-one sits on this toad's tool.

[Pléonasme : Tupi : *cururu* = crapaud] Personne laide. Véritable verrue.

Saquinho

Recipiente plástico que se usa em Rondônia para se acondicionar refrigerantes e cerveja.

[Little bag] Plastic bag used for packaging take-away soft-drinks and beer.

[Petit sac] Sachet plastique qui sert d'emballage à emporter pour boissons fraîches et bières.

Sarada

Diz-se de coisa muito boa, gostosa. Ex: É uma gata "sarada".

Said of something really good, really tasty. E.g. She's a real cool chick.

Se dit de quelque chose vraiment bon, vraiment délicieux. Par ex. C'est un nana vraiment super.

Sarnambi

Cernambi, látex de qualidade inferior, pouco espesso.

Inferior quality latex, not very thick.

Latex de qualité inférieure, peu épais.

Sarrapilha

Tecido grosseiro, juta, utilizada para sacos.

[Latin] Rough fabric, jute, used for sacks.

[Serpillière] Tissu grossier, toile de jute utilisée pour des sacs.

Sarro

1) Tirar um sarro (gozar de uma pessoa). 2) Namorar de forma ousada, ex. nos lugares públicos.

1) To make fun of someone. 2) Make love in daring way, e.g. in public, à trois, bungy-jumping, either side of an electric fence, etc. for more details, contact SH.

1) Se foutre de quelqu'un. 2) Faire l'amour de manière osée, p.ex. en publique, avec un poulet, varappe, à cheval sur un moulinex…

Seco

Vazio. O pneu está "seco".

Empty. The tyre's "dry".

Vide. Le pneu est « sec ».

Seringalista

[Grego] *SERINGUEIRO* em um estado de semi-escravidão.

[Greek] *SERINGUEIRO* in a state of semi-slavery.

[Grec] *SERINGUEIRO* dans un état de semi-esclavage.

Seringueira (*Hevea brasiliensis*)

[Idem] Árvore que fornece o látex do qual se fabrica a borracha.

[Ditto] Rubber tree: tree from which latex is extracted for making rubber.

[Idem] Hévéa : arbre duquel on extrait le latex utilisé pour en faire du caoutchouc.

Seringueiro

[Idem] O operário da colheita do látex nas florestas nativas.

[Ditto] Worker who gathers latex in native forests.

[Idem] Ouvrier qui fait la collecte de latex dans les forêts natives.

Serrote

1) Pessoa que vive pedindo coisas. 2) Linha com vidro moído grosso colocado nas *RABIOLAS* dos *PAPAGAIOS*.

[Hack-saw] 1) Person who's constantly borrowing things. 2) String of roughly-ground glass glued to the tail (*RABIOLA*) of kites.

[Scie à métal] 1) Personne qui est toujours en train de vous emprunter des trucs. 2) Ligne de verre grossièrement pilé collé aux queues (*RABIOLA*) de cerfs-volants.

Sertanejo

Habitante do sertão, o interior semi-árido. Homem do campo.

Person living in the sertão, the semi-arid interior. Countryman.

Personne habitant le sertão, l'intérieur semi-aride. Campagnard.

Sesta

Repouso após refeição no calor amazônico.

Post-prandial siesta in the Amazonian heat.

Siesta pris après un repas dans la chaleur amazonienne.

Siririca

[Tupi: esfregar, roçar, "planar no ar botendo as asas convulsivamente"] Masturbação feminina.

[Tupi: to rub, scratch or "hover in the air flapping the wings convulsively"] Female masturbation.

[Tupi: frotter, gratter "planer dans l'air en battant les ailes de manière convulsive"] Masturbation féminine.

Sogra

Igual em qualquer lugar do mundo.

Mother-in-law: same the world over.

La belle-mère : même chose partout dans l'immonde.

Soldado da borracha

Nordestino que, durante a II Guerra, foi atraído pela propaganda oficial do DIP (Departamento de Imprensa e Propaganda) de Getúlio Vargas. Veio colher látex na Amazônia, já que a Malásia, grande produtora, estava sitiada. Os cartazes da época mostravam uma SERINGUEIRA em que as folhas eram cédulas de dinheiro, que se apanhava facilmente. Não existia o CONAR na época, muito menos o PROCON.

[Rubber Soldier] Worker from the Northeast region attracted to Rondônia by the official propaganda of Getúlio Vargas's DIP (Department of Press and Propaganda) during the 2nd World War. They came to collect latex in Amazonia, while the big producer Malaysia was being besieged. Posters of the time show a SERINGUEIRA where the leaves are banknotes – easy pickings. In those days, advertising standards were somewhat looser, and consumer defence organisations just plain didn't exist...

[Soldat du Caoutchouc] Ouvrier de la région Nord-Est séduit par la propagande officielle du DIP (Département de la Presse et de la Propagande) de Getúlio Vargas pendant la 2ème Guerre Mondiale. Il venait récolter le latex en Amazonie pendant que la Malaisie, grande productrice, était assiégée. Des affiches contemporaines montrent une SERINGUEIRA aux feuilles en billets de banque, 'y avait qu'à les ramasser... À cette époque, l'absence de CONAR n'empêchait pas la publicité mensongère.

Songa-monga

Disfarçado, jeito de besta.

Trickster. Disguised, playing the ass.

Plaisantin. Déguisé, faire l'andouille.

Sub-esquina

Algo assim como quase na esquina, uma casa depois, ou uma antes.

[Under the corner] Just about almost nearly on the corner, one house before or one after.

[Sous l'angle] Quasiment à peu près presque à l'angle, une maison avant ou une après.

Sucuri (*Eunectes murinos*)

[Tupi] Enorme cobra sem veneno, que mata apertando, sufocando e quebrando os ossos do infeliz para depois engoli-lo.

[Tupi] Giant anaconda: enormous non-poisonous snake that kills by constriction, suffocating and breaking the bones of the unfortunate victim before swallowing him (or even her) whole.

[Tupi] Anaconda : énorme serpent non-venimeux qui tue par constriction, étouffant et brisant les os de la malheureuse victime avant de l'avaler toute crue.

Suruba

[Tupi: Excelente] Orgia.
[Tupi: Excellent] Orgy.
[Tupi : Excellent] Orgie.

Suruca

Peneira para cascalho de grande dimensão.
Sieve for large-scale rubble.
Tamis pour des gravats importants.

Sururu

Confusão.
Punch-up, brawl, all-for-all, barney.
Baston, bastingue.

Sustança

Sustentação, força.
Sustenance, strength.
Alimentation, force.

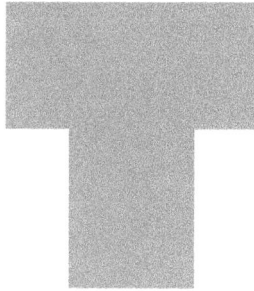

T

Tabaréu

[Tupi: Bisonho] *MATUTO*.

[Tupi: Inexperienced] Backwoodsman, *MATUTO*.

[Tupi : Sans expérience] Rustre, *MATUTO*.

Tabatinga

[Tupi: Barro branco] Barro usado para artesanato.

[Tupi: White clay] Clay used for crafts.

[Tupi : Argile blanche] Argile utilisée dans l'artisanat.

Taberna

Pequeno comércio de secos e molhados.

[Tavern] Little dry- or wet-goods store.

[Taverne] Petite épicerie.

Taboca

[Tupi: Haste oca] Bambu, taquara.

[Tupi: Hollow stem] Variety of bamboo.

[Tupi : Tige creuse] Variété de bambou.

Tacacá

Iguaria de origem indígena preparada à base de *TUCUPI*, goma e folha de jambo (família das mirtáceas).

Indian delicacy made from fermented manioc juice (*TUCUPI*), gum and *jambo* leaves (myrtle family).

Spécialité indigène préparée à base d'extrait de manioc fermenté (*TUCUPI*), gomme et feuilles de *jambo* (famille des myrtilles).

Tamborete

[Francês] Pequeno banco de madeira.

[French: Stool] Small wooden stool.

[Français : Tabouret] Devine.

Tanajura (*Atta spp.* etc.)

[Tupi] 1) Mulher com bunda grande. 2) Espécie de formiga cortadeira de folhas.

[Tupi] 1) Woman with large buttocks. 2) Leaf-cutting ant.

[Tupi] 1) Femme au grand cul. 2) Fourmi coupeuse de feuilles.

Tapado

Sujeito que não enxerga as coisas, abestalhado.

Person without a clue about anything, a bit thick.

Personne qui ne comprend rien de rien, un peu con.

Taperebá

CAJÁ

Tapioca

[Tupi: Coágulo] Iguaria feita com goma extraída da *MANDIOCA* e levada ao fogo.

[Tupi: Coagulate] Delicacy made with gum from the manioc root heated over the fire.

[Tupi : Coagulé] Spécialité faite avec la gomme de la racine de manioc chauffée au feu.

Tapiri

[Tupi] Casebre coberto com *PALHA*.

[Tupi] Hut covered with *PALHA*.

[Tupi] Case couverte de *PALHA*.

Tapuru

[Tupi] Espécie de verme que ataca as madeiras.

[Tupi] Sort of worm that attacks wood.

[Tupi] Espèce de ver qui attaque le bois.

Tarobé

GUAPÉ

Tartaruga

[Italiano] 1) Antigo e famoso bordel de Porto Velho. 2) Outra espécie.

[Italian] 1) Famous old brothel of Porto Velho. 2) Turtle.

[Italien] 1) Ancien bordel célèbre de Porto Velho. 2) Tortue.

Tauba

Tábua.

Plank.

Planche de bois.

Taubinha

Tabuinha.

Shorter plank.

Planche de bois plus petite.

Terçado

Facão.

Machete.

Machette.

Tereré

[Poss. Guarani] O mesmo que chimarrão, porém gelado.

[Poss. Guarani] Unsweetened *mate* tea drunk chilled.

[Poss. Guarani] *Maté*, sans sucre et gelé.

Tetéia

Mulher bonita, engraçadinha.

[Trinket] Attractive, cute woman.

[Colifichet] Femme belle ou mignonne.

Ticar

[Inglês] Fazer pequenos retalhos no couro dos peixes, para fritura.

[English: To tick] Striating the side of a fish for frying.

[Anglais : Cocher] Faire de petites entailles sur les côtés d'un poisson avant de le frire.

Tigibu

Mulher gorda e feia.

Fat, ugly woman.

Femme grosse et laide.

Tiquira

Aguardente feito da MANDIOCA.

Manioc spirit.

Alcool de manioc.

Tiririca

[Tupi] 1) Brabo. 2) Zangado.

[Tupi] 1) Fierce. 2) Furious.

[Tupi] 1) Féroce. 2) Furieux.

Toada

Melodia simples que conta histórias e embala o BOI-BUMBÁ.

[Something intoned] Simple melody accompanying the stories that lull the BOI-BUMBÁ.

[Entonné] Mélodie simple qui raconte des histoires et charme le BOI-BUMBÁ.

Toma!

Aprende!

Grab that!

Attrapes-moi ça !

Tome-tento!

"Se componha!"

"Pull yourself together!"

« Saisis-toi ! »

Tonga

[Quimbundo] Abobado, abestado.

[Kimbundu] Foolish, dim-witted, loony.

[Quimbundo] Bête, gourde, loufoque

Torero

Caminhão que carrega toras.

Truck for transporting logs.

Camion pour transporter des rondins.

Torito

Jogo de petecas em que elas são alinhadas, duas, três... e após tirarem ponto, acionam as petecas com o dedo para ver quem bilha.

Game of marbles where they're lined up, two, three, and so on, and after shooting, you hit the marbles with a finger to see which ones score.

Jeu de billes où elles sont alignées deux, trois... et, après avoir tiré, on pousse les billes avec le doigt pour voir lesquelles vont toucher.

Toró

Chuva forte, com pingos grossos.

Heavy rain, with big drops.

Pluie forte, à grosses gouttes.

Traçado

Mistura de bebida alcoólica (Ex. *CACHAÇA* + Campari).

Mixed alcoholic drink (e.g. *CACHAÇA* + Campari).

Mélange de boissons alcooliques (par ex. *CACHAÇA* + Campari).

Tracajá

[Tupi] Espécie de quelônio que vive às margens do Guaporé.

[Tupi] Type of turtle living along the Guaporé river.

[Tupi] Espèce de tortue qui vit au bord de la rivière Guaporé.

Traçar

Manter relações sexuais com uma garota.

To have sexual relations with a girl.

Avoir de relations sexuelles avec un fille.

Tramela

Ferrolho de portão, porta ou janela.

Door or window latch / bolt.

Verrou, loquet de porte, fenêtre.

Tramóia

MARACUTAIA

Tranca

Pedaço de madeira que serve para fechar portas.

Piece of wood used to keep doors closed, crossbar.

Bout de bois qui sert à fermer la porte, traverse.

Trancafuso

Parafuso.

Screw (As in woodworking, you know?...).

Vis.

Trançar

Quando duas linhas de PAPAGAIO se cruzam para ver quem cai primeiro.

[To tress, to screw (well…)] Crossing the lines of two kites to see which one falls first.

[Tresser, baiser] Croiser les ficelles de deux cerfs-volants pour voir lequel tombera en premier.

Trapalho

Embrulhada, confusão.

Fight, punch-up.

Bagarre, baston.

Trela

Conversa fiada.

Incoherent prattle.

Jacasserie décousue.

Trem

Qualquer coisa. "Trem bom". Me dá este "trem" aí…

[Train] Something, thingamajig, "give me that oojamaflip over there…".

[Train] Quelque chose, machin… « donnes-moi ce bidule là-bas… ».

Trem-da-feira

Composição da *EFMM* que parava onde o passageiro pedisse, para comércio de mercadorias, e que não tinha horário de chegada.

[Market train] *EFMM* train which stopped whenever a passenger wanted it to – for trading goods – and had no scheduled arrival time.

[Train de marché] train *EFMM* qui s'arrêtait là (ou plutôt quand, il y a des limites) où voulait le passager – pour faire du commerce – et n'avait pas d'heure d'arrivée.

Tremedeira

Febre, malária.

[The trembles] Fever, malaria.

[La tremblotte] Fièvre, palud.

Trempe

[Latim: Tripé] Fogão improvisado.

[Latin: Tripod] Makeshift stove.

[Latin : Trépied] Réchaud de fortune.

Trepada

Ato sexual.

[Mounted] Copulation.

[Monté/(e)] Partie de jambes en l'air.

Tribufu

TIGIBU

Trinques

[Poss. Francês] Estar nos trinques: bem vestido, bem apresentado.

[Poss. French] Dressed to the nines: well-dressed, looking good.

[Poss. Français] Sur son trente et un : bien habillé, bien fringué.

Triscar

[Gótico: Debulhar] Tocar levemente. Cf. *RELAR*.
[Gothic: To thrash] To touch lightly. Cf. *RELAR*.
[Gothique : Rosser] Toucher doucement. Cf. *RELAR*.

Troce

Torce. Troce o nariz, faz pouco caso.
Twist, turn. Turn up one's nose, treat off-handedly.
Tordre, toiser. Faire le nez à quelqu'un, traiter cavalièrement.

Troncho

Cheio de..., repleto.
[Trunk] Full of…, replete.
[Tronc] Plein de…, rassasié.

Truco

Popular jogo de cartas entre quatro parceiros, apimentado por pilhérias e
gritos dos jogadores.
Popular card game for four, spiced with the players' witticisms and cries.
Jeu de cartes populaire pour quatre, pimenté des bons mots et cris des
joueurs.

Trunfa

Topete (no cabelo).
Tuft of hair.
Épi, touffe de cheveux.

Tubado

Bêbado, embriagado.
Drunk, inebriated.
Ivre, enivré.

Tucandera

[Tupi] Espécie de formiga gigante que produz ferroadas muito doloridas.
[Tupi] Sort of giant ant that inflicts very painful stings.
[Tupi] Espèce de fourmi géante qui fait des piqûres très douloureuses.

Tucunaré (*Cichla ocellaris*)

[Tupi] Peixe amazônico de águas escuras.
[Tupi] Amazonian fish that lives in darker waters.
[Tupi] Poisson amazonien vivant dans des eaux obscures.

Tucupi

[Tupi: Destilado] Molho, com pimenta, feito do líquido extraído da
MANDIOCA.
[Tupi: Distilled] Sauce made from the liquid extracted from manioc
roots, with pepper.
[Tupi : Distillé] Sauce faite à partir du jus de racine de manioc, avec du
poivre.

106

Tulha

Pequeno depósito feito de madeira, coberto e forrado, que serve para guardar arroz .

Lined and covered wooden container for storing rice.

Réceptacle en bois, avec couvercle et revêtement interne, pour stocker du riz.

Tum-tum

1) Cangote. 2) Cacunda.

1) Back, scruff of the neck, occipital region. 2) Back.

1) La peau du cou, l'occiput. 2) Dos.

Turrão

Elemento mau humorado.

Grouchy person.

Individu mal léché.

U

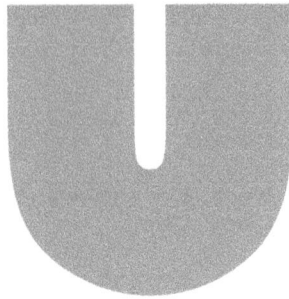

União do Vegetal

Seita que usa o *MARIRI* ou *HUASCA* para seus rituais.

Sect that uses *MARIRI* or *HUASCA* in its rituals.

Secte qui utilise le *MARIRI* ou *HUASCA* dans ses rituels.

Urucubaca

Mau olhado, azar, falta de sorte.

Having been given the evil eye, misfortune, bad luck.

Victime du mauvais œil, malchance, déveine.

Urucum (*Bixa orellana*)

[Tupi: Vermelho] Pigmento natural utilizado de várias formas.

[Tupi: Red] Natural pigment from the annatto tree used in various ways.

[Tupi : Rouge] Pigment naturel de l'arbre roucou utilisé de plusieurs manières.

Urucumacuã

Lendária mina de ouro que até hoje ninguém sabe onde fica.

Legendary gold mine that nobody's found, yet.

Mine d'or légendaire que personne n'a réussi à trouver, jusqu'à présent.

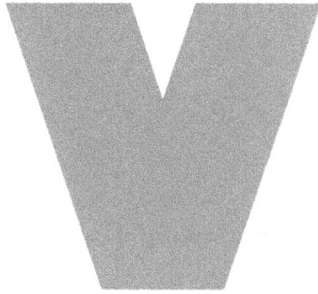

V

Valha-me!

"Valha-me, Deus!".

"So help me, God!"

« Que Dieu me vienne en aide ! »

Vambora

Bóralá. Vamos lá.

Let's scram. Let's skedaddle.

On se la taille ?…

Vara

Pênis.

Penis

Pénis

Varada

Usa-se a expressão "levou varada" como um fora, uma quebrada: "A namorada deu uma varada nele". "Foi pedir emprego e levou uma varada".

[Rodded] Expression used as a rejection of some sort: "His girlfriend dumped him", "I went for a job and they turned me down."

[Bâtonné] Expression utilisée pour suggérer un rejet quelconque : « Sa copine l'a envoyé balader », « J'ai demandé le boulot mais me suis fait rembarrer ».

Varadouro

1) Canal que liga o rio a um lago. 2) Atalho. *Cf. FURO.*

1) Channel linking a river with a lake. 2) Short-cut. *Cf. FURO.*

1) Chenal qui relie un fleuve à un lac. 2) Raccourci. *Cf. FURO.*

Vazar

Cair fora da área.
Scram, beat it.
Se casser, ficher le camp.

Veiaco

Sujeito desconfiado.
Mistrustful person.
Personne méfiante.

Verão

Estação climática amazônica, que vai de abril a outubro, e representa a seca. *Cf. INVERNO.*
Summer: Amazonian season running from April to October: the dry season. (NB: "standard" Brazilian summer is usually from November to April.) *Cf. INVERNO.*
Été : saison amazonienne qui va d'avril à octobre : la saison sèche. (Nota : au Brésil, l'été « normal » va de novembre à avril.) *Cf. INVERNO.*

Vespa

Inseto com ferrão.
Wasp, or other similar stinging insect.
Guêpe, ou autre insecte semblable qui pique.

Vespra

Véspera.
Afternoon, evening.
Après-midi, soir.

Véve!

Vive!
Long live!
Vive !

Viçada

Jovem que já pratica sexo.
["Viced"] Young woman who's already had sex.
[Viciée] Jeune femme qui a déjà pratiqué le sexe.

Viração

1) Ato de virar os cascos de tartaruga nas praias. 2) Trabalho de motorista de táxi que não é dono do carro.
1) Turning turtles onto their backs on the beach. 2) A contract taxi-driver's working shift.
1) La mise les tortues sur le dos sur la plage. 2) Poste d'un chauffeur de taxi sous-traitant.

Virado

Pessoa trabalhadora.
Hard-working person.
Personne travailleuse.

Visagem

[Francês: Cara] Assombração!

[French: Face] Ghost!

[Français : Visage] Fantôme !

Vitória-Régia

Tá pensando que é a planta aquática da família das Ninfeáceas, que chega a atingir 1,8 m, e cuja flor, branca ou rosa, pode chegar a 30 cm de diâmetro, abrindo-se a noite e fechando-se ao raiar do dia ? Nada. Uma nimfa, talvez, com flores cor de rose que abrem à noite e fecham ao amanhecer, Vitória-Régia era uma *QUENGA* de Ji-Paraná que, de tão gostosa, deixou muita gente sem dormir (literalmente) nos anos 80.

I know you think it's that water-lily thing of the Nymphacea family whose leaves reach up to five or six foot in diameter and has pink or white flowers that open at night and close at dawn and may reach up to one foot in diameter, but you're wrong. Nymph, perhaps, with pink flowers that open at night and close at dawn, yes, but Vitória-Régia was a *QUENGA* from Ji-Paraná and such a delicious specimen that many people lost many a good night's sleep in the eighties.

Pas ce que tu penses ! Tu croyais que c'était cette jolie Nymphéacée dont les feuilles peuvent atteindre 1 m 80 et dont les fleurs blanches ou roses pouvaient idem à 30 cm de diamètre, s'ouvrant la nuit et fermant à l'aube ? Nymphe que nenni. Vitória-Régia était en effet une belle fleure nocturne dont les boutons s'ouvraient le soir pour se refermer au petit matin, mais une *QUENGA* de Ji-Paraná tellement appétissante que bien de riverains n'ont pu fermer l'œil la nuit.

Vixe Maria!

Versão in extenso de "Vixe!".

Full version of "Vixe!".

Version complète de "Vixe !".

Vixe!

Expressão regional que se relaciona à Virgem Maria.

Local exclamation related to the Virgin Mary.

Exclamation régionale liée à la Vierge Marie.

Voadeira

Lancha de alumínio com motor de popa.

[Flyer] Aluminium boat powered by outboard.

[Voleur] Petit bateau en alu motorisé par hors-bord.

Vôte!

Expressão de espanto e surpresa ("Vou te contar!").

Expression of amazement or surprise ("Oi tell yer!").

Expression d'étonnement ou de surprise (« J'vais te dire un truc ! »).

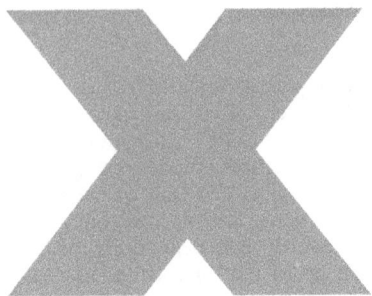

X

Xinfrim
Coisa sem importância.
Trifle.
Fadaise.

Xoxota
Órgão sexual feminino.
[Big little kiss] Female sexual organ.
[Gros petit bisou] Sexe féminin.

Xumbrega
Sem valor, comum.
Worthless, common.
Sans valeur, commun.

Z

Zagaia
[Berbere] Tipo de arpão artesanal, lança.
[Berber] Hand-made harpoon or lance.
[Berbère] Type d'harpon artisanal, lance.

Zambeta
PAPAGAIO muito usado, já velho.
[Bandy-legged] Very old and worn-out kite.
[Aux guibolles de cow-boy] Cerf-volant qui a vu du service, plutôt vieux.

Zarôio
Sujeito estrábico, vesgo.
Cross-eyed person, person with a squint.
Personne strabique.

Zezão
[Quimbundo] Abobado, besta.
[Kimbundu] Foolish, dim-witted.
[Quimbundo] Bête, gourde.

Zica
Falta de sorte.
Out of luck.
Pas de chance.

Zinha
Menina nova, mocinha.
Girl, lass, teenager.
Jeune fille, adolescente.

Ziquizira

Uruca, *URUCUBACA, ZICA.*

Bad luck or constant unhappiness, grief, *URUCUBACA, ZICA.*

Mauvaise chance ou chagrins constants, *URUCUBACA, ZICA.*

Zuada

Barulho.

Noise, racket.

Bruit, boucan.

Notas / Notes

Notas / Notes

Notas / Notes